Abdelkébir Khatibi

Approches littéraires

Dernières parutions

Henri DESOUBEAUX, *Promenades butoriennes,* 2018.
Alekou STELLA, *Médée et la rhétorique de la mémoire au féminin,* 2018.
Étienne GALLE, *Connaître Wole Soyinka,* 2018.
Jacques LAYANI, *Romanciers populaires. André Caroff, Ian Fleming, Boileau-Narcejac, Jean-Claude Izzo,* 2018.
Gilles GONTIER, *Sur le poème jamais écrit, En lisant Pascal Quignard,* 2018.
Jean-Claude MARY, *Aldous Huxley, le prophète oublié et Michel Houellebecq en contrepoint,* 2018.
Piero LATINO, *La Promenade de Nerval, Souvenir et rêve,* 2018.
Didier CHRISTOPHE, *L'imaginaire et l'inconscient chez Jean de La Ville de Mirmont. Création littéraire et psychanalyse,* 2017.
William SOUNY, *Warsan Shire, Une voix poétique féminine de la diaspora somalienne,* 2017.
Marie-Christine BRIÈRE, *Jusqu'à ce que l'enfer gèle. Hommage à Thérèse Plantier,* 2017.
Ali ABASSI, *Flaubert dans le texte, Études sur la poétique romanesque,* 2017.
Maya OMBASIC, *Paysages urbains et mélancolie chez Ohran Pamuk,* 2016.
Mamadou Abdoulaye LY, *Malraux et la poésie,* 2016.
Gilles GONTIER, *L'Ermite et le Renégat,* 2016.
José FONTAINE, *La gloire secrète de Joseph Malègue,* 2016.
Thierry Jacques LAURENT, *André Maurois, Moraliste,* 2016.
Rachid BAZZI, *Permanence et variabilité dans le récit persan et arabe classique,* 2016.
Taïeb BERRADA, *La figure de l'intrus, Représentations postcoloniales maghrébines,* 2016
Magda IBRAHIM, *Le personnage de Charlotte dans Le Testament français (1995) d'Andreï Makine,* 2015.

Lahoucine EL MERABET

Abdelkébir Khatibi

La sensibilité pensante
à l'œuvre dans *Le Livre du sang*

Préface de Hassan Wahbi

Du même auteur

L'écriture du temps dans Sylvie *de Gérard de Nerval*, Paris, Edilivre, 2016.

« De la servitude involontaire à l'émancipation volontaire », in *Servitude et soumission*, Paris, Ellipses, 2016.

« L'interculturel entre le local et l'universel », article publié en marge du colloque international sur « Apprendre/ enseigner le français en contextes bilingues : des réalités sociolinguistiques aux pratiques éducatives », Publications de la faculté des Lettres de Marrakech, Elwatanya, Marrakech, 2016.

« De l'enjeu mortel à l'enjeu esthétique de l'aventure », in *L'aventure*, Paris, Ellipses, 2017.

« L'espace carcéral comme antimonde chez Gérard de Nerval », in *L'ombre du bagne, la littérature carcérale au Maroc et ailleurs,* publication du laboratoire de recherche dépendant de la FLSH de Fès-Sais : « Langues, Représentations et esthétiques »,2017.

« Le modèle spéculaire dans *De quel amour blessé* de Fouad Laroui », article à paraître.

© L'Harmattan, 2018
5-7, rue de l'Ecole-Polytechnique, 75005 Paris

http://www.editions-harmattan.fr

ISBN : 978-2-343-15038-3
EAN : 9782343150383

A ma petite famille et à REDA, lumière de ma vie ;

A ma grande famille et à mes parents, source de ma vie ;

A mes amis, qui dissipent les ténèbres de la vie par leur sourire, leur sincérité et leur loyauté.

« La littérature, comme expérience répétitive du monde, comme incidence du monde dans la parole, est une histoire infinie du rapport à l'extériorité. Le réel est à prendre, mais aucune emprise ne l'épuise ».

H. WAHBI

Préface

Quel étrange et insolite récit que *Le Livre du sang* d'Abdelkébir Khatibi ! Le lecteur s'y bute souvent parce que la narration n'y est pas factuelle, ordinaire, référentielle. C'est un ailleurs littéraire, un univers qui ne renvoie qu'à lui-même comme dans les récits paraboliques, allégoriques, fantasmiques ou poétiques. Tout y est chair et esprit, sens et songe. Le livre n'est pas facile, le commenter encore moins. Alors faut-il rester indécis, timoré, à son seuil ou, tout en étant intrigué, aller à sa rencontre comme on va vers la rencontre de la différence ?

La seule réponse possible est de le voir comme récit poétique où tremblent les lancinantes questions du corps, de l'altérité, de la pensée amoureuse, lyrique ; le recevoir comme récit limite, chant d'une démesure sensible, si singulier qu'il nous donne, jusqu'au vertige extrême, la frappe poétique d'un style, d'une vision. Une véritable sortie du temps donnant à voir ce qui n'est pas là, faisant surgir une puissance évocatrice inouïe. En vagues déferlantes d'images, de sensations, de paroles voluptueuses, *Le Livre du sang* se construit comme un récit de passion, de transgression, faisant du corps le ténébreux cœur de l'exaltation sensible qui va de la célébration à l'effondrement.

Comment ce récit a-t-il été possible ? Khatibi lui-même a fini plus tard par être dérouté par la radicalité de son écriture et le souffle de son inquiétante étrangeté.

On perdrait beaucoup à en rester là et à méconnaître ce que ce récit énigmatique déploie comme poésie grandissante, comme jeu de pensée. Il faut le reprendre, le ressaisir. C'est ce que fait Lahoucine El Merabet dans le présent essai et qui a l'audace critique de s'y frotter, de créer son propre chemin initiatique. Il le fait à partir du lyrisme passionnel, ontologique, tragique et de la pensée sous-jacente du récit.

Il s'agit essentiellement d'étudier la facture littéraire de ce récit selon l'idée de la sensibilité pensante puisque le texte de Khatibi met en œuvre le poétique – comme style de la prose – et le réflexif autour de l'imaginaire de la dualité – androgyne, le bien et le mal, le visible et l'invisible, le naturel et le surnaturel, ciel et terre, mystique et érotisme… La prose dépend de l'évocation subjective des corps, de la fascination exercée par ces corps, de la célébration de la beauté.

L'auteur du présent ouvrage s'ingénie efficacement à révéler les formes que prennent cette transfiguration verbale, cette évocation, cette fascination et célébration pour révéler le paradoxe des liens, de l'union et de la désunion ; l'affolement par la passion pour un ange dans ses figurations masculine et féminine. Ce qui donne un lieu singulier – ce qu'il appelle avec justesse l'atopos – de déstabilisation des savoirs et des genres, de déploiement de l'amour comme risque, hybris, effroi du beau, désordre mortel du désir de l'autre, inquiétude de la chair, amour ténébreux. Il s'agit, ici, d'une vieille idée platonicienne de l'effroi qui saisit le témoin du beau comme face à la mort, à l'ivresse de la mort.

C'est pour cela que l'auteur insiste patiemment sur le lyrisme du récit comme langage émancipateur de l'extrême sensation ; seul le poétique peut prendre en charge la vision extatique, le syncrétisme de l'œuvre hybride par ses références multiples : l'androgynie, le bachique, le mystique, l'orphisme, etc.

L'amour limite, à la fois feu et cendre, est, ici, l'expérience de ce qu'il y a hors l'entendement, une sorte de passion négative, de furie, de dissolution des identités, d'épreuve de la différence, de discontinuité des êtres, de quête de l'impossible, de la fusion improbable, mortifère.

Quelque chose de terrible et d'implacable est là comme vie et conception ultime de l'existence et de l'écriture dans l'existence. Toute la charge du récit est orientée pour dire la pulsion d'amour, intense et violente, pathétique et mélancolique, fusionnelle et séparatrice.

Le lyrisme fait que finalement les corps représentés ne sont que des métaphores extrêmes, « *un jeu sur le savoir que la littérature a d'elle-même* » (Jean Bessière) et qui couvre dans le récit de Khatibi le secret d'une blessure, la libération subjective – autobiographique ? –, le temps imaginaire de la menace passionnelle, de la détresse originaire, de « *la nostalgie de la continuité perdue* » (Bataille) ; ou tout simplement le désir de la beauté comme esthétique de l'existence amoureuse. Car, à certains endroits du récit, si on laisse de côté les figures mythologiques, méta-littéraires et l'hermétisme propre à l'expérience de la radicalité, le lecteur peut se laisser happer par la beauté de l'énonciation amoureuse comme vérité de langage et de la sensation humaine.

C'est pour cela qu'El Merabet insiste sur l'attitude sensible comme langage, comme ferment du *Livre du sang*, comme énergie qui transforme le langage du désir en désir de langage, l'histoire des personnages en méta-histoire.

Quelque chose d'autre est là : avant d'arriver dans son parcours à la pacification de la passion humaine et de la violence des liens, dans leur diversité, par la notion tardive de l'*aimance* comme notion d'attachement et de détachement, Khatibi, dans *Le Livre du sang*, a mis en lumière l'effet dévastateur de la relation sans distance via une déconstruction des corps, de l'adoration extrême, de la pensée de l'unité. Mais il ne le fait pas comme une simple thèse séparable de la forme comme le montre bien El Merabet : il y a une imprégnation dans la chair des mots, dans la raison énonciative qui habille les attitudes d'une sensibilité enveloppante, faisant de chaque personnage une figure de langage, de chaque situation la couleur de l'ensemble ; et cela jusqu'à la disparition de toutes les voix car la mort était l'ultime transfiguration de la passion, le destin orphique du chant.

Et l'une des qualités de l'essai d'El Merabet est justement de montrer ce mouvement du chant vers à la fois son éclat et son éclatement, sa ferveur lyrique et sa funèbre démesure. Ce qui permet au lecteur, d'une manière ou d'une autre, d'accueillir autrement l'étrangeté du *Livre du sang*.

Hassan WAHBI

Introduction générale

Il est unanimement admis que tout discours littéraire s'ordonnance selon sa propre logique.

Vouloir déceler cette logique implique un travail centré sur l'organisation du texte et également sur ses modalités d'existence. Comme « *la littérature est une aventure d'être* » d'après Khatibi, le propos de notre présent travail sera axé sur quelques obsessions, préoccupations qui président à la production du texte khatibien. Celui-ci mobilise sur le fond du récit le corps, l'espace, les éléments et tout ce qui est de nature à transfigurer les signes, les êtres, les objets qui peuplent le réel perçu, le réel imaginé.

Tout cela est mû principalement par la nécessité de s'accommoder des différents aspects d'une sensibilité tournée vers une pensée qui se recueille comme résidu irréductible au terme du processus de l'écriture. Voulant dégager le mode de fonctionnement de cette combinaison du sensible et de l'intelligible dans *Le Livre du sang*,[1] il paraît utile de suivre un cheminement à travers lequel il faut répondre à des questions relatives à la problématique d'ensemble soulevée.

Pour ce faire, le travail, quoique délicat, s'articulera dans un premier temps autour de la littérature envisagée entre le pôle communicatif, idéel et cérébral, et le pôle poétique,

---
[1] Abdelkébir Khatibi, *Le Livre du sang*, Paris, Gallimard, 1979.

émotif et sensationnel. Il s'agira de faire ressortir le lien substantiel qui s'établit entre l'ordre de l'idée de l'intelligible et celui de la sensation de la sensibilité. Ces deux pôles, étant consubstantiels à l'acte d'écriture, engagent pleinement tant l'auteur que ses propres personnages dans le système du langage, considéré comme réceptacle où se recueille cette expérience sensible.

Après cela, nous nous proposons de soulever une question qui ne cesse d'interpeller aussi bien les écrivains que les critiques, à savoir le rapport à établir entre la fiction et la pensée. Ceci nous mènera à tâcher de saisir comment l'univers imaginaire d'un auteur fait écho à sa pensée et à ses préoccupations intellectuelles. Après quoi, il sera possible d'évoquer l'attitude d'avant-garde et sa réaction devant le texte et les instances qui prennent part à sa production.

Après ce parcours définitoire portant généralement sur la littérature, nous allons nous pencher sur *Le Livre du sang*[2] comme œuvre d'analyse pour voir comment se concrétise chez Khatibi ce va-et-vient entre la sensation et la pensée. Aussi s'agira-t-il dans la deuxième partie du travail de montrer à travers les procédures narratives et discursives les diverses factures qui font du texte un discours hétéroclite et protéiforme, en ce qu'il y a une mise en œuvre de différents éléments formels qui lui confèrent une originalité stylistique. Et c'est parce qu'il y a dans l'œuvre plusieurs stratégies d'écriture dignes d'intérêt qu'il semble pertinent de dégager un didactisme concomitant à la narration et un discours réflexif qui se donne à lire à mesure que l'écriture prend de l'ampleur.

---

[2] Le titre apparaîtra désormais sous la forme abrégée : Le L.S.

Parler du didactisme dans le L. S. revient inévitablement à dire qu'il y a une orchestration intérieure d'une pensée. Il est à noter que l'écrivain, à travers sa trajectoire, ne cesse de prendre des positions et de prôner des principes aussi bien dans des œuvres de fiction, des poèmes que dans des essais. Il fait fonctionner un dispositif d'idées et de principes relatifs à l'identité et à la différence, à l'origine, à l'androgynie et au corps qui est marqué, de façon indélébile par plusieurs cultures. L'écrivain, voulant mener à bien son travail, a exploité le mythe littéraire (Androgyne...) comme mode de représentation d'un univers imaginaire où il mène une expérience limite et déploie une écriture jusqu'au bout de soi.

Après le développement de ces points d'une pertinence centrale dans notre travail, l'intérêt sera centré sur la dimension spatiale et son fonctionnement dans un récit chapeauté par la facture lyrique. Il sera question de l'instance poétique et son rôle déterminant dans l'élaboration d'un texte qui se situe du côté du langage et des mots plutôt que d'un dehors et d'une référence objective. Ceci revient à dire que l'espace fonctionne dans le texte comme un atopos et un non-lieu qui par son indétermination, constitue d'une certaine manière l'extension d'un désir prégnant et d'une sensibilité telle qu'elle adapte l'espace extérieur à son mouvement et à sa fulgurance. Parallèlement à ce primat accordé à la poétique corrélative à un non-lieu, il sera de bon aloi de développer le paradigme aphoristique qui fonctionne comme un savoir poétique et une connaissance structurelle et subtile. Tout au long du procès narratif, il conviendra de voir comment émerge une conscience pour délivrer des éclats de pensée, à travers des aphorismes, en rapport avec des situations romanesques précises.

Le propre du travail étant délimité, il n'est pas sans intérêt de signaler que Khatibi s'ingénie à produire des textes où le parcours narratif est indissociable d'un parcours interrogatif, où il se met à l'écoute des univers qui l'interpellent. Pour ce faire, il procède par l'union des deux paradigmes du sensible et de l'intelligible :

« J'essaie d'unifier le sensible et l'intelligible. Il n'y a pas pour moi de séparation entre la pensée qui serait pure et des textes purement littéraires qui seraient spontanés. »[3]

Bref, Khatibi définit l'acte littéraire comme une sensibilité pensante. C'est l'objet de notre travail.

---

[3] « Abdelkébir Khatibi, un orfèvre de l'écriture », entretien avec l'écrivain, publié dans Le Libéral, n° 26, Avril 1990, p. 51.

Première partie
La littérature entre la sensibilité et la pensée

Premier chapitre
L'écriture et la sensation

Si le fait littéraire met en scène un univers purement imaginaire, il s'avère bien évident qu'il est de ce fait un acte par lequel l'écrivain transmue les objets et le monde en pensée et travaille ainsi à matérialiser sa représentation. Or, aucune idée innée et aucune conscience morale ne préexistent dans l'être se trouvant à l'assaut du monde objectif. Tout commence par la sensation qui rend possible le rapport aux choses. Il est donc nécessaire, avant de pénétrer un univers imaginaire, de prêter attention aux êtres et à leur contact avec les objets ; c'est justement ce contact qui est déterminant. A en croire Marcel Raymond, tout change quand la conscience se laisse pénétrer par une volupté, trouve son bonheur dans la lumière extérieure et accueille la sensation. Dans une œuvre de fiction, il s'agit également de déterminer l'objet de pensée ; celle-ci se trouve pénétrable, raison pour laquelle l'écrivain, tout en faisant fonctionner les termes de sa pensée, se met à la recherche des lieux où retentissent les grandes idées qui qualifient une attitude d'existence.

Aussi est-il placé pour remonter, à travers sa pensée, d'image en image jusqu'à des sensations. Dans cet ordre d'idées, il faut signaler que la sensation est un apport considérable et elle se trouve à l'origine des différentes composantes de l'acte littéraire. C'est pour cela que Georges Poulet accentue sa teneur et la place au premier plan du fait qu'elle structure et orchestre la pensée dans une œuvre littéraire. Il précise à cet égard : « *Rien ne demeure qu'une pensée, merveilleusement apte non seulement à s'enfoncer dans la substance des œuvres, mais encore à remonter jusqu'aux expériences sensibles qui constituent la source et souvent aussi la structure.* »[4]

Il ressort de tout cela que les expériences sensibles ne sont pas à minimiser, d'autant plus qu'elles structurent la pensée qui est un autre aspect non moins important, qui entre en jeu dans la détermination de l'être en définissant son authenticité. Il est pertinent, chez J.P. Richard, de parler du caractère indissociable de tout ce qui a trait à la conscience morale et aux expériences de l'homme. Il dit fort à propos : « *Il ne saurait exister d'hiatus entre les diverses expériences d'un seul homme, qu'il s'agisse d'amour ou de mémoire, de vie sensible, de vie spéculative ; dans les domaines apparemment séparés se décèlent les mêmes schèmes* ». [5]

A cause de l'interpénétrabilité de ces différentes expériences, une conscience se trouve aux prises avec des forces et s'ingénie à transformer la nature d'un objet en une autre et veut par exemple transformer en matière spirituelle un objet de pensée et établit ainsi un tissu de rapports entre l'univers mental et l'univers extérieur, objectif A ce propos, on note chez Marcel Raymond dans son étude portant sur la poésie depuis Baudelaire jusqu'à l'époque surréaliste la mise à nu des œuvres en montrant leur contact avec l'objet et l'effacement des frontières entre l'objectif et le subjectif dans un milieu qui se révèle un milieu alternatif de la sensation et de la connaissance.

---

[4] Préface à *Littérature et sensation* de J.Pierre Richard, Paris, Seuil, 1954, p.11.
[5] *Op.cit.*, p. 13.

Aussi est-il possible de voir comment une obscure rêverie de l'imagination rejoint en profondeur une pensée purement conceptuelle. De même, il faut noter que par un acte littéraire, c'est autour de choses, parmi les hommes, au cours des rencontres, bref au niveau des expériences sensibles qu'on arrive à émanciper les questions spéculatives relatives à la vie, à la mort, au monde, à l'altérité…

De tout cela il faut déduire l'idée que l'écriture doit être perçue comme activité créative, positive au sein de laquelle l'expérience sensible occupe une place de choix et permet de développer concomitamment une pensée, un résidu qui prend corps tout au bout de l'acte littéraire. Poser la question du rôle déterminant de la sensation dans le littéraire, c'est en effet soulever le problème d'un univers romanesque, considéré comme un itinéraire où l'auteur engage ses personnages qui se trouvent dans des situations telles qu'ils sont contraints d'user de leur formation : celle-ci s'acquiert tout au long d'un cheminement parsemé d'épreuves qu'il faut affronter et relancer l'action formatrice. C'est ainsi que se détermine le rôle de la sensation dans le développement de l'écriture, celle-ci étant définie à partir des êtres et des objets qui peuplent un univers imaginaire construit.

C'est pour cette raison que l'écrivain oriente son activité au départ vers ces êtres et ces choses qui sont essentiellement définis et qualifiés par une sensibilité. Cette expérience sensible définit les lignes de force de l'écriture et finit par dessiner les traits d'une certaine pensée.

Afin de mieux clarifier cette question de l'expérience sensible, l'exemple de Stendhal, analysé par J.P.Richard dans la perspective qui nous intéresse, n'est pas sans nous apporter une réponse, d'autant qu'on trouve ses personnages démunis, libres de préjugés en face d'un monde que seules leurs sensations vont leur permettre d'atteindre. C'est pour cela que l'expérience littéraire de Stendhal se caractérise par une dynamique passionnelle qui ouvre son univers imaginaire et l'entreprise la plus lucide consiste à déterminer cette dynamique sous laquelle une profusion de pensées se bouscule.

L'emprise de cette sensation s'impose si intensément que les idées ont du mal à se placer, et toute pensée se trouve chez un personnage à l'état naissant tant qu'elle ne trouve pas le temps de se développer et de prendre corps pour se transformer en dernier ressort en un lieu commun. Il est également à préciser que l'écriture chez Stendhal tend à démontrer les contours d'une passion, les nuances d'une sensibilité, ce qui permet de rétablir un ordre relatif et à fixer certaines réalités fuyantes. Ce faisant, l'écrivain s'investit dans le monde où la sensation prime et finit par dévoiler les secrets de cet univers qui lui devient transparent. Ceci dit, il ne s'agit pas pour autant de se livrer à l'obscur, mais l'écriture dans sa logique tend à en découvrir les mouvements les plus fugitifs et les plus subtils ; et la netteté de la connaissance se détache au fur et à mesure que se dégage la sensibilité vécue par une conscience. Il est donc certain que chez Stendhal la vraie passion est celle de connaître et d'éprouver, de marier l'affect à l'intellect et qu'il ne doit plus y avoir d'opposition entre la sensibilité et la pensée. Il en ressort également que l'écriture doit restituer les différentes expériences d'un homme, qui se développent selon les mêmes schèmes, et préparer, par voie de conséquence, un aboutissement susceptible de cristalliser ces expériences et les réduire à une essence. D'où la légitimité de concevoir l'écriture comme un acte qui cultive l'art d'éveiller chez les personnages, ainsi que chez les lecteurs, un nombre de sensations, et la création littéraire comme un moyen d'assurer une harmonie et de dépasser en une totalité imaginée les différents épisodes d'une expérience vécue et replacer les différentes forces rivales dans un cadre homogène.

De fait, il est possible de relever chez Stendhal dans ses romans cette tendance à marier le sensible et l'intelligence tant qu'il y a chez lui un désir qui incite à réfléchir, au cours des expériences sensibles et à parvenir à une connaissance quelconque. J. P. Richard confirme cette tendance en disant : « *Le naturel stendhalien n'est rien d'autre que la facilité et la spontanéité avec lesquelles l'émotion trouve à se traduire en intelligence* ». [6]

Effectivement, on trouve que Stendhal soulève l'être et l'expose au monde des objets, l'oriente vers une extranéité au sens de Valéry et suscite en lui une fermentation qui allie justement une curiosité intellectuelle et une allégresse sensationnelle qui multiplie les pouvoirs de l'esprit.

En bref, la leçon qu'on recueille de Stendhal, puisqu'il est l'exemple que donne Richard dans son ouvrage, est que la pensée se crée tout au bout de l'enthousiasme et de la passion et qu'il faut retrouver le réel au bout de l'imaginaire et « *entrer dans le monde par le ciel* » selon ses propres termes.

Par ailleurs, il faut faire remarquer que le primat qui est ici accordé par J. P. Richard chez Stendhal, entre autres, est dû principalement au pouvoir de la sensibilité qui se définit comme paradigme à partir duquel s'élabore l'écriture ; le langage de l'écrivain est donc une aventure qui polarise le monde à partir d'un état, d'un sujet. Considérer la littérature

---

[6] J.P.Richard, *op.cit*, p.113.

de cette manière est une possibilité de lier dans certaines œuvres l'intérieur et sa relation au monde. Car dans d'autres, l'objectivation du monde efface « *la force illocutoire du sujet pour laisser place à une technique exotopique* »[7] selon le terme de Bakhtine.

Ceci est plus explicite lorsque le sujet marque son énoncé et s'éprouve à travers lui comme le sujet lyrique. Dans ce sens, le genre lyrique est essentiellement un réceptacle où se recueillent « un désir individualisé » et une « *individualité désirante* ». Notons que le lieu de naissance de la poésie lyrique est le rite. A travers des prières et des invocations, on appelle la présence d'une divinité dans l'imagination des fidèles rassemblés en une communauté rituelle, autour d'un repas sacrificiel ; cette présence des fidèles est déterminée par l'absence d'un être transcendantal qui ne saurait être présent autrement que par sa représentation. C'est pour cela qu'on affirme que « *le lyrique rituel est une tentative pour stimuler cette imagination qui risque toujours d'être défaillante* ».[8]

La poésie lyrique reproduit donc la situation fondamentale de ce rite, si l'on excepte la réciprocité potentielle du désir érotique qui fait la différence essentielle entre le lyrisme laïc et ses sources liturgiques. Le genre lyrique est donc à la source de ce moi qui cherche à se maintenir en trouvant une expression à ce qui lui manque. Force est de signaler ici que le langage poétique déployé par ce sujet lyrique joue le rôle de médiateur entre cette individualité désirante et l'objet de son désir, du moment que ce langage déploie une scène imaginaire où est évoqué l'objet de quête.

---

[7] Tzvetan Todorov, *le principe dialogique*, Seuil, 1981, pp.154-155.
[8] Eric Gans, « Naissance du Moi lyrique... » in *Poétique* n° 46, Avril 1981, p. 129.

Dans cette poésie lyrique, le langage adresse l'appel non à un être transcendantal puisque « *à l'allocution d'un destinataire transcendantal se substitue le pathos de l'expression* »,[9] mais à un être réel ou imaginaire dont l'événement pourrait le combler. Aussi faut-il préciser que le sujet lyrique cherche à donner une signification à son désir qui se définit explicitement comme individuel, subjectif et profane. De même, il est à signaler que le lyrique est une attitude de l'homme à l'égard de lui-même, du monde et des autres puisque le lyrique est l'expression d'une subjectivité qui se confesse et « *le lyrisme est une ivresse et l'homme s'enivre pour se confondre plus facilement avec le monde* ».[10]

Il y a donc lieu de noter que l'émergence d'un sujet lyrique est corollaire à un désir et à une subjectivité qui cherchent à se définir par rapport au monde et aux objets, et ainsi le moi lyrique détermine son rapport à l'univers avec lequel il aimerait faire corps, moyennant le pathétique de l'expression et de la sensation. De cela on peut conclure que « *le poète est un jeune homme que sa mère conduit à s'exhiber à la face du monde dans lequel il n'est pas capable d'entrer* »[11].

A la lumière de cette définition du poète proposée par Milan Kundera, il s'avère certain qu'un acte littéraire où prédomine le lyrique cherche un espace d'expression et de cristallisation de l'expérience du moi qui présente une réalité complexe, difficilement analysable. Cependant, cette

---

[9] Starobinski. J., « le style de l'autobiographie » in *Poétique* n° 3, 1970, p. 263.
[10] Milan Kundera, *L'art du Roman*, Paris, Gallimard, 1986, p.170.
[11] *Ibid.*, p.40.

extérieure est étroitement rattachée à l'acte de conscience d'autant que l'écrivain fait dépendre le déroulement de sa pensée de l'acte initial par lequel l'être se découvre à lui-même. Par la conscience de soi, on est amené à considérer les autres, à les considérer dans l'ordre où ils apparaissent à partir de cet acte initial. Celui-ci permet donc de déterminer le rapport au monde, à l'autre à partir du moment où l'être se découvre à lui-même. De fait, cet acte de conscience consiste dans la connaissance de l'adéquation qui existe entre notre pensée et l'objet sur lequel elle s'exerce, ce qui revient à préciser le rapport qui s'établit entre notre sensibilité et l'intelligibilité du monde externe. C'est justement ce rapport que Georges Poulet cherche à confirmer dans ces propos : « *La conscience de soi devient la conscience de l'univers tel qu'il se trouve reflété par le moi. Jouir de soi, c'est jouir de ce qui, universellement, inépuisablement, se manifeste dans le moi et par le moi.* »[12] Par cette conscience de soi, le microcosme de l'intériorité se trouve placé dans le macrocosme du monde et tout devient la substance même du moi sensible par l'acte de penser.

Il est également à noter que la conscience de soi apparaît sous l'aspect de la sensation et du sentiment que l'être a de sa propre existence, mais aussi sous l'aspect des états d'âme troubles, des émotions vives et tout l'enjeu de l'expérience sensible.

Cette expérience interne consiste dans un accord intime entre toute la variété des sensations qui se succèdent et la conscience de soi qui resurgit au sein du mouvement ondoyant des impressions passagères. Effectivement, l'être cherche à se saisir dans la relation qui s'établit de façon récurrente entre son être sensitif et le monde avec lequel il se trouve en contact par le truchement des sens.

---

[12] Georges Poulet, *Entre Moi et Moi*, Paris, José Corti, 1977, p. 13.

G. Poulet précise ce rapport de la sensibilité au monde en disant :

« La signification de celle-ci (la conscience de soi) ne consiste pas en effet dans la découverte d'une richesse interne, innée ou octroyée, mais au contraire dans l'assertion que la conscience n'est qu'une espèce de trou mental, comblé fortuitement par des objets de rencontre. »[13]

Il est donc clair que pour les littératures, la sensation est une manière de configurer l'ordre secret du monde en passant par l'identité du moi, par l'énonciation et par les soubassements pulsionnels. La littérature passe inéluctablement par la sensation qui permet de chercher « *son paysage vrai* » et de s'en saisir dans la pratique de soi. Elle est l'aventure de l'intelligence avec le monde, les sensations et les mots qui les traduisent, en attendant de les convertir en matière intelligible.

---

[13] *Op.cit.* p.277.

Deuxième chapitre
La fiction et la pensée

Face à une œuvre littéraire, le lecteur pose une série de questions à travers lesquelles il cherche à s'éclairer sur le fonctionnement du texte d'une part et sur la finalité d'une lecture d'autre part. Il va donc sans dire que le lecteur est conditionné par un tissu de rapports établis entre les différentes catégories d'un texte et de ce fait cherchera à mener une lecture utilitaire.

En effet, lors d'une lecture, on cherche un sens, en se soumettant à l'autorité d'une voix qui rend sensible et manifeste le sens qu'on essaie de saisir et que le texte livre à travers ses différentes composantes. Ceci semble d'autant plus évident que « *la fiction propose des modèles de pensée et d'action* » et établit des correspondances entre l'univers imaginaire et fictif mis en scène par l'œuvre et la réalité avec ses différents avatars et ses différentes facettes.

Cela nous amène à signaler au passage le grand débat soulevé autour du rapport à établir entre la fiction et la pensée et montrer dans quelle mesure le roman par ses catégories propres et intrinsèques, véhicule une signification, explicite et illustre une pensée. Notre propos n'ira pas dans le sens de l'existence d'un contenu ou d'un message, mais plutôt dans celui de l'existence fine, subtile et structurelle d'une pensée constructive du récit.

Soulever cette question n'est pas sans faire allusion au roman à thèse qui a été important dans des contextes historiques particuliers et pendant des conjonctures spéciales. Cette forme d'écriture romanesque considérée comme une «*autorité fictive*»,[14] constitue un genre doctrinaire, monologique et didactique et favorise la transmission d'une certaine pensée. Il s'agit bien d'un genre où s'institue une autorité qui compte délivrer un message à travers un texte littéraire qui est nettement structuré selon des stratégies d'écriture spécifiques.

Cependant, on a tendance à se méfier de ce genre d'écrits mus par la nécessité de véhiculer des idées et à lui substituer la conception de Mallarmé du langage, qui consiste à n'assujettir le langage à aucune cause autre que son fonctionnement. C'est ainsi que s'est amorcée cette opposition entre un genre littéraire, aussi didactique que le roman à thèse, mais aussi toute écriture fondée sur l'esthétique de la représentation et de la vraisemblance d'une part et une écriture dite moderne qui se tourne vers elle-même et se ressource dans son propre fonds, d'autre part. Cette opposition entraîne la dévalorisation d'un genre d'écrits littéraires exploités à des fins didactiques. L'exemple illustratif du roman à thèse amène à considérer l'acte littéraire comme une communication entre celui qui écrit et celui qui lit. En effet, le roman à thèse est une illustration particulièrement claire du souci réaliste et didactique qui est à l'origine du genre romanesque ayant émergé de «*l'enseignement en même temps que du récit épique et de la poésie courtoise*», comme l'affirme Julia Kristeva.[15] L'un des principes de la loi de la structuration du roman est qu'«*avant d'être une histoire, il est une instruction, un enseignement, un savoir*»[16].

---

[14] S.R. Suleiman, *Le Roman à thèse ou l'autorité fictive*, Paris, PUF, 1983.
[15] Citée par S.R.Suleiman, *ibid*., p.151.
[16] *Ibid*.

Ceci revient à dire que ce qui est connu sous le nom du roman à thèse est une forme extrême de la tendance didactique qui est à la source du roman ; c'est cette portée doctrinaire que les théoriciens de la critique moderne et de la littérature d'avant-garde cherchent à battre en brèche.

A ce propos, Roland Barthes distingue deux types de scripteurs. D'une part, l'écrivain dont le travail consiste à élaborer un texte propre à céder à une activité ludique et érotique étroitement liée au fonctionnement du langage. D'une autre, *l'écrivant* pour qui le verbe écrire est transitif :

« *Ce qui définit l'écrivant, c'est que son projet de communication est naïf : il n'admet pas que son message se retourne et se ferme sur lui-même et qu'on puisse y lire d'une façon diacritique, autre chose que ce qu'il veut dire.* »[17]

Dans ce sens, Roland Barthes accentue cette opposition dont le texte littéraire est l'objet. Les deux conceptions du texte littéraire sont tributaires du fonctionnement du langage qui est orienté tantôt vers le pôle communicatif, tantôt vers le pôle poétique. Néanmoins, Barthes précise comment les deux conceptions de l'acte littéraire font bon ménage au sein d'un texte. Nous voulons écrire quelque chose et en même temps, nous écrivons tout court. Bref, notre époque accouche d'un type complexe : l'écrivain-écrivant.

Aussi est-il pertinent d'avancer l'idée qu'un récit littéraire, tout en s'interrogeant sur « *la dramatisation de son propre fonctionnement* » selon les termes de Jean Ricardou, sert de support organique à un travail réflexif effectué à partir de la fiction qui déploie tout un univers axiologique. A cet égard, Milan Kundera précise que « *le roman n'est qu'une longue interrogation* »[18], et ajoute :

---

[17] *Ibid.*
[18] *Op.cit.,* p.49.

« *L'interrogation méditative (méditation interrogative) est la base sur laquelle tous mes romans sont construits* »[19].

Il en ressort que la fiction est intimement liée au processus interrogatif déclenché par l'écrivain, et tout le travail consiste à matérialiser une pensée au sein du récit. Celui-ci, « *ne serait-ce que par discrétion, cherche à se dissimuler dans l'épaisseur romanesque* »[20]. C'est grâce à cette épaisseur offerte par le roman par exemple qu'il est possible de développer des idées, de matérialiser des abstractions et à faire de l'espace romanesque un réceptacle où vient se concrétiser, entre autres éléments, l'intellect et ce qui a trait à l'activité cérébrale.

A l'encontre de la philosophie qui développe sa pensée dans un espace abstrait, sans personnages et sans situations, l'œuvre littéraire vise à dégager une pensée d'un « *code existentiel* » qui ne doit pas être étudié *in abstracto*.

On peut confirmer cette idée d'autant plus que le roman offre des possibilités d'intégration. Alors que la poésie et les traités philosophiques ne sont pas en mesure d'intégrer le roman, celui-ci se caractérise précisément par la tendance à embrasser le savoir philosophique et scientifique et à intégrer d'autres genres. C'est pour cette raison que tout récit est inévitablement conduit à des découvertes, à englober sa [21]propre mathesis. Et Milan Kundera d'affirmer : « *je ne me lasserai jamais de répéter avec Broch : la seule raison du roman est de dire ce que seul le roman peut dire* ».[22]

L'exemple de l'écrivain allemand Hermann Broch est apprécié par Kundera, précisément parce qu'il fait entrer

---

[19] *Op.cit.*
[20] Maurice Blanchot, *Le livre à venir*, Paris, Gallimard, 1959, p.20.
[21] Roland Barthes, *Leçon*, Paris, seuil, 1978, p.17.
[22] Milan Kundera, *op.cit.*, p.54

sur la scène du roman une intelligence, et ceci non pas pour transformer le roman en un traité philosophique mais « *pour mobiliser sur les bases du récit tous les moyens rationnels et irrationnels, narratifs et méditatifs, susceptibles d'éclairer l'être de l'homme, de faire du roman la suprême synthèse intellectuelle* »[23].

Effectivement, on trouve que Broch mobilise tous les moyens et toutes les formes pour éclairer ce que « *seul le roman peut découvrir* » : l'être de l'homme. Il fait de son œuvre un travail intellectuel d'autant plus éclatant qu'il « *ne fut pas un romancier d'une part, un poète d'autre part et, à d'autres instants, un écrivain de pensée. Il fut cela tout à la fois et dans le même livre* ».[24]

Les différents éléments qui sont exploités pour faire d'un récit une synthèse intellectuelle à partir d'un ancrage fictif sont soutenus par la force sous-jacente à l'acte littéraire tendant à briser toutes les limites et ne souffrant aucune distinction des genres. Il ne faut pas pour autant croire que le travail de Broch est exclusivement dévoué à l'esprit comme chez Paul Valéry, mais ses différentes activités sont tournées vers la complexité de son temps, et ce qui fait l'unité de son œuvre, c'est l'homme confronté au processus de dégradation des valeurs. Aussi cherche-t-il sur le mode de l'imaginaire et de la fiction, à déterminer le rôle que jouent le rationnel et l'irrationnel dans la vie et les différentes décisions. Il ne voit pas moins de danger dans le rationnel que dans l'irrationnel. Dans *Les Somnambules*, les pensées de Broch ont ceci de particulier qu'elles se développent et se concrétisent en s'intégrant au monde fictif investi par le récit. Il est question de l'homme au cœur du néant, « *métaphysiquement exclu et physiquement*

---

[23] Milan Kundera, *op.cit.*, p.32.
[24] Maurice Blanchot, *Le livre à venir*, *op.cit.*, p.166.

dépossédé »[25], un somnambule qui est chassé du rêve et qui se trouve jeté dans l'angoisse de la nuit sans pouvoir dormir.

C'est ainsi que s'illustrent, à travers l'exemple de Broch, les modalités du travail de l'écrivain cherchant à intégrer une pensée à un récit fictif qui offre des possibilités propres à assurer cette synthèse. De fait, le texte littéraire se définit comme lieu d'entrecroisement de plusieurs préoccupations qui hantent l'écrivain. Celui-ci détient une pensée qu'il cherche à faire passer sous le couvert d'une fiction. Le lecteur, de son côté met en œuvre diverses stratégies interprétatives et tente de voir clair dans le texte dont il cherche à déceler les significations. De ce fait, une communication s'établit entre l'auteur et le lecteur, ce qui ne veut pas dire pour autant que, parmi toutes les fonctions verbales définies par Roman Jakobson, seule la fonction communicative et référentielle apparaît. Mais, notons que le texte acquiert sa littérarité d'un dosage différentiel de fonctions, corroboré par une superposition de symboles. Et tout cela rend possible l'élaboration d'un récit qui intègre aisément une pensée par le biais de diverses formes et de différents procédés narratifs. Toutefois, signalons au passage que, dans une œuvre d'art, s'accentue une concurrence entre les fonctions communicatives d'une part et les fonctions esthétiques de l'autre. Le règne absolu d'un pôle réduit le texte à une extrémité où l'autre est totalement laissé de côté. Dans le cas de la domination de la fonction esthétique, le texte se referme sur lui-même, se fonde sur son immanence et sa clôture, et devient « *autotélique* ».[26] De ce fait, il ne se laisse pas facilement aborder. A l'encontre de ce cas, quand la fonction référentielle règne sans partage dans le texte, celui-ci se trouve réduit au

---

[25] *Ibid.*
[26] Pelletiet, A.M., *Fonctions poétiques*, Paris, klincksieck, 1977, p.29.

langage ordinaire, banal et délesté de la charge poétique qui pourrait lui conférer sa littérarité, ou tout simplement sa forme expressive. Il en ressort que l'interférence de ces fonctions fonde le texte littéraire qui devient par conséquent protéiforme, et véhicule une pensée en même temps qu'il permet à des subjectivités de se confesser.

Cela dit, notons que la littérature participe bel et bien, par des moyens qui lui appartiennent en propre, à l'entreprise générale de la connaissance. C'est dans cet esprit que l'on lit cette déclaration hautement significative de Jacques Bouveresse qui n'est pas moins conscient de la manière dont s'orchestrent le poétique et le réflexif dans un même texte :

« *Ceux qui pourraient être tentés de soupçonner Proust de commettre le péché d'esthétisme et de subordonner non seulement la question du bien, mais également celle du vrai, à celle du beau ne devraient pas oublier les avertissements multiples dans lesquels la connaissance de la vérité est présentée comme étant le seul but qui compte réellement aux yeux de l'écrivain. Ce qui est important dans la beauté ne peut justement pas être autre chose que la vérité qu'elle comporte.* »[27]

Le critique corrobore dans ce contexte l'idée qu'il n'y a pas à parler de beauté « *tout à fait mensongère, car ce plaisir esthétique est précisément celui qui accompagne la découverte d'une vérité.* »[28]

Si la critique littéraire s'occupe de textes et d'auteurs particuliers, continue, naturellement, à parler des questions éthiques et sociales qui sont au centre des intérêts des auteurs en question, c'est parce qu'elle pourrait, bien entendu, difficilement faire autrement. Lisons dans ce sens ce propos de Martha Nussbaum ;

---

[27] Jacques Bouveresse, *La connaissance de l'écrivain, sur la littérature, la vérité et la vie*, Marseille, Agone, 2008, p.21.
[28] *Ibid.*, p.22.

> « *Même cette sorte d'intérêt a été contraint par la pression de la pensée en vigueur selon laquelle discuter le contenu éthique ou social d'un texte revient d'une certaine façon à négliger la "textualité", les relations complexes de ce texte avec d'autres textes ; et par la pensée reliée à celle-là, même si elle est plus extrême, que les textes ne se réfèrent pas du tout à la vie humaine, mais seulement à d'autres textes et à eux-mêmes. Et si on passe de la critique aux écrits plus généraux et théoriques, l'élément éthique disparaît plus ou moins dans sa totalité* ». [29]

L'exemple de Musil peut également être révélateur à cet égard, d'autant plus qu'il est en même temps un penseur et même un penseur de tout premier ordre, ce qui rend malaisé d'espérer échapper à l'accusation d'ignorer ou de négliger avec lui l'essentiel, qui est constitué par ce qu'on appelle la « *littérarité* » du texte et celle de la littérature en général. L'auteur a passé beaucoup de temps à s'opposer à un courant anti-intellectualiste, très puissant à l'époque, qui soutenait que la littérature et l'art en général ne doivent pas penser, mais seulement sentir et exprimer des vécus immédiats, des sentiments et des émotions.

Réagissant toujours à l'idée selon laquelle ce que nous communiquent les textes littéraires a trait en premier lieu au langage dans lequel ils sont écrits, Bouveresse renchérit et table sur cette connaissance qui finit par surgir d'une œuvre littéraire, même au-delà de ses strates esthétiques, langagières, et spéculaires :

> « *Même s'il est peut-être vrai que le texte littéraire est toujours aussi, et d'abord une réflexion en acte sur la langue* », *il ne résulte pas de cela que ce que l'auteur communique en premier lieu au lecteur soit cette réflexion ou le résultat auquel elle a abouti. Qu'elle soit comprise de cette façon-là ou d'une autre, l'idée que le texte littéraire est autoréférentiel et nous*

---

[29] Cité par Bouveresse, « La littérature, la connaissance et la philosophie morale », in *Ethique, littérature, vie humaine*, Paris, PUF, 2006, p.100.

parle essentiellement de lui-même ou de la façon dont le langage y est utilisé me semble reposer sur une illusion complète ou sur le genre de cécité délibérée dont les théoriciens se montrent souvent capables. »[30]

Le propos du critique français a pris appui sur cette assertion significative de la pertinence intellectuelle d'un texte littéraire. Elle est de Ronald Schusterman : « *on ne peut guère prétendre que le contenu sociomoral de textes comme* La Divine Comédie, Germinal *ou* La Peste *est secondaire par rapport à leur message métalinguistique* ».[31]

En bref, pour accentuer les liens étroits qui rattachent la pensée à la fiction, il faut faire remarquer qu'un récit est considéré fort à propos comme une mise en forme d'une pensée qui se coule dans un moule fictif construit par l'écrivain. En effet, tout au long de parcours narratif, l'écrivain, soucieux de développer sa pensée, peut recourir à des allégories, à des proverbes, à des maximes, à des aphorismes qui, selon Kundera, permettent de présenter des définitions sous une forme poétique. D'où, en somme, la « *téléologie* » des écrivains dans leurs activités littéraires.

Par surcroît, il est à noter que le roman à thèse qui est une manifestation claire de la communication à travers les différentes composantes du récit trouve son intérêt dans le sens qu'il cherche à délivrer.

Toutefois, on note que le roman cherchant à déployer une pensée se trouve pris entre les exigences de la vie quotidienne dont il cherche à rendre la complexité, et les principes d'une pensée qui le mettent face à des besoins démonstratifs. Ces exigences sont difficilement conci-

---

[30] *Ibid.*, p.101.
[31] *Ibid.*

liables, et la simplification et la symbolisation trouvent mieux leur place dans une écriture fondée sur l'allégorie, le mythe, le lyrisme et tous les écarts qui rendent l'espace d'écriture propice au déploiement des vérités.

Deuxième partie

Les paradigmes de l'écriture dans *Le Livre du sang*

Premier chapitre
Le Livre du sang : récit protéiforme

Avant d'entamer la lecture du L. S. et de relever les différents procédés qui lui confèrent un caractère protéiforme, force est de signaler que l'écriture maghrébine d'expression française se trouve souvent réfractaire à toute classification et les analystes demeurent déconcertés par une panoplie de stratégies d'écriture exploitées par les auteurs. Ceux-ci, voulant donner lieu à un nouveau réel en procédant d'une déconstruction, réactualisent, dans certains cas, un passé qui a un fonds symbolique et mythologique, et considèrent l'écriture non comme

> *« Une donnée métaphysique, une chose sacrée, mais une praxis conséquente, une contestation de l'immuable, assumée par un écrivain conscient de sa charge historique et aussi des conséquences réelles de son acte »* [32]

Il est donc évident que la définition de l'acte littéraire reste toujours tributaire de la conception des écrivains et des exigences qui orientent leurs pratiques littéraires.

Ainsi, ce qui spécifie l'écriture chez les romanciers marocains et plus précisément la jeune génération placée sous le signe de la revue *Souffles* aux alentours de 1966,

---

[32] Lhcen Mouzouni, *le Roman marocain de langue française*, Paris, Publisud, 1980, p.30.

c'est son élan novateur et son désir de renouvellement des formes littéraires.

De fait, la subversion est l'un des éléments qui soustendent l'activité littéraire et orientent les écrivains dans une voie audacieuse jusque-là inexplorée. Il s'agit pour eux d'inscrire, entre autres éléments, la violence dans le texte et d'explorer diverses techniques susceptibles de faire du signifiant textuel un support à une pratique scripturale hétérogène. Comme « *il n'y a plus de frontière nette entre la prose et la poésie, le récit et le lyrisme* »[33], l'action littéraire vise à retracer un itinéraire où s'établit un va-et-vient constant entre le poétique, le discursif et le narratif.

Dans l'optique qui nous intéresse, il importe de souligner le statut des écrits de Khatibi qui ne dérogent pas à ce nouveau souffle littéraire.

Le L. S. est bien une œuvre qui explicite cette nouvelle tendance en ce qu'il constitue un brassage de procédés qui rendent le texte difficile d'accès. Sans doute est-il « *un texte qui ne se livre pas tout de suite* ». Dans ce qui suit, il convient de déceler certains réseaux de relations où l'œuvre est insérée et montrer comment le manque de linéarité dans la trame narrative du texte est justifié par l'émergence d'un sujet lyrique. Celui-ci prend départ des scènes d'incantation célébrées par des figures rassemblées en vue de l'adoration et de la contemplation. Le déploiement d'un discours lyrique dans le texte est soutenu par un arrière-plan narratif.

Le L. S. est un récit particulier où le contenu fictionnel s'inscrit dans une pensée globale, une pensée tournée vers

---

[33] L.Mouzouni, *op.cit.*, p.30.

l'Eros mystique de la tradition musulmane et vers l'Androgyne de la pensée grecque. Ce mythe, étant mêlé à la tradition arabe et rattaché au sujet de l'écriture, prend de nouvelles proportions dans le texte de Khatibi. Ainsi, il prend l'aspect de cette scission primordiale et ce besoin pressant de recouvrer une totalité qui s'avère une chimère et une simple illusion.

Le texte est rythmé par un chant qui ravit le regard, ensorcelle la vision, la métamorphose et la divise ; la poésie y advient au sommet du langage.

En effet, dans le cadre de l'« Asile des inconsolés », l'Echanson et sa sœur Muthna forment un être unique et subversif, « *un couple d'amants extatiques qui s'unit, se scinde et s'interchange dans la Transe du Même au fur et à mesure de la narration* »[34].

La narration s'organise autour de la « Secte des Inconsolés » dont les expériences spirituelles sont dirigées par le Maître et le Disciple ; l'incantation, la contemplation du visage, les prières scandent le récit. La narration est centrée sur un espace mystique et va de l'Asile vers la ville, la taverne… en permettant le développement d'un faisceau de thèmes qui travaillent l'imaginaire de l'auteur. Dans un mouvement continu de vacillement entre l'anecdote autobiographique et la fiction mystique, sont développés l'amour érotique et l'amour mystique, la question de la mort et de la vie, la néantisation de l'être, ainsi que le processus de la création et ses différents enjeux. Le texte, par son caractère polyphonique, met en œuvre plusieurs voix qui décentrent la position du sujet de la narration et de

---

[34] Hédi Bouraoui : « Stratégie d'écriture dans l'univers de Khatibi », in Alasas, n° 20, Juin 1980, p. 33.

l'écriture et lui fait subir le même sort que celui des autres figures vouées à la mort.

De même, il importe de voir qu'à mesure que le récit se déploie, une conscience suit le déroulement du texte et suspend le parcours narratif ; ceci montre que l'espace mystique n'est qu'un prétexte à la création poétique et au plaisir scripturaire.

Le L. S. se détermine selon un double mouvement : la marche de l'écriture tend tantôt à fixer un réel et à orienter le récit dans un sens, tantôt à opérer une rupture pour intensifier le pathos de l'expression et permettre à un moi lyrique de condenser un langage poétique.

Sur le plan de son énonciation générale, Le L. S. foisonne de formes pronominales et présente une prolifération d'instances narratives qui montrent comment s'effectuent un dédoublement et un miroitement tout au long du récit. Cette multiplicité des voix est annoncée dès le fragment liminaire qui fait figure d'*incipit*. Celui-ci énonce certains paradigmes qui vont présider au déroulement du texte : « *plusieurs histoires et voix tournent ici autour de l'apparition d'un Androgyne* ». Cette multitude de voix est déterminée en fonction d'une thématique qui ne serait développée autrement que par une procédure narrative adéquate.

L'énonciation va se situer du côté d'« *une pensée moule, précédée par la figure de la mort* » et va permettre de développer une multitude d'histoires passionnelles. Celles-ci, se caractérisent par leur évanescence et une mobilité susceptible de produire un texte pluriel sous-tendu par des procédures discursives et narratives en rapport étroit avec l'univers construit par le récit. Ainsi ce réseau énonciatif donne à lire un texte qui, « *en tant que récit, ne se conforme pas au code représentatif de la narration* »[35] et subvertit les lois du récit traditionnel.

Tout au début de premier chapitre, « l'Asile des Inconsolés », on note un temps verbal sans commune mesure avec les temps du récit : c'est l'impératif qui nous situe d'emblée dans un texte de facture particulière. « *Laissons un instant le regard glisser...* » Cet impératif est une invocation à l'adresse des figures de l'Asile, mais aussi au lecteur qui est invité à pénétrer un univers riche en vicissitudes et peuplé par des figures hors du commun.

Après avoir planté un décor suivant le mouvement du regard et l'imagination onirique, le narrateur-récitant interpelle le personnage interlocuteur réceptif, l'Echanson : « *Enfant inoubliable, avance vers nous en souriant* » (p. 13). Ce début détermine la nature du récit pris en charge par un narrateur faisant partie des inconsolés de l'Asile et des Orants mystiques. Ils sont en train d'accueillir « *cette beauté tissée par une douleur séraphique* », une apparition qui bouleversera le tissu relationnel ces personnages.

L'Echanson, le Maître, le Disciple et les fidèles sont les figures centrales du début du récit. L'enjeu de la narration est l'apparition de l'Echanson vers lequel tous les regards sont tournés. Cet « enfant inoubliable » conditionne le rassemblement de ces personnages inconsolés :

---

[35] Marc Gontard, *La violence du texte*, Paris, L'Harmattan, 1981, p. 102.

« Quel destin a choisi de faire vivre un ange entre nos bras ? » (p.14).

« Nous serons tes compagnons de route vers l'ivresse de la mort » (p. 15).

« Ta beauté est ta mort » (p.56)

Ces exemples montrent clairement qu'il s'agit d'un rassemblement fatal et mortifère et que la figure de l'Echanson régule l'attitude des Orants mystiques et constitue le point de convergence des regards fatidiques. Le regard médiatise la perception et assure le contact entre le sujet collectif regardant et la figure angélique :

« En ce partage, ta lumière inondera notre visage, elle frappera nos cœurs et, déchirés par tant de souffrance lumineuse, aurions-nous encore la force de t'adorer ? » (p.38).

Le regard détermine le rapport entre les personnages et la figure centrale et marque profondément ce rassemblement, ce qui n'est pas sans effet sur le langage qui s'imprègne d'une poétique particulière. D'autant plus que le sujet collectif de la secte demande le regard de l'Echanson comme source d'envoûtement :

« Alors, viens ! Infiniment ! Tourne ton regard vers nous » (p. 39).

Dans ce sens, on comprend aisément le tourment vécu par le disciple qui se sent privé du regard de l'Echanson et ressent une jalousie mortelle envers le Maître mis à l'épreuve par la beauté séraphique :

« *Tu es damné Disciple, damné et condamné à aimer le regard qui te détruit* » *(p. 51).*

« *Pourquoi pleures-tu, pauvre Disciple ? Serais-tu égaré, en dehors de l'Epreuve, comme un chien sauvage ? Ou serais-tu jaloux d'un regard qui ne t'accorde pas ta mort ?* » *(p. 33).*

De ce qui précède il appert que tout se déclenche à partir du regard et de ce fait, le narrateur n'a pas manqué de rendre hommage aux yeux de l'Echanson qui « *font éclater les mots les plus cruels, retrouvant leur liberté absolue* » (p. 48).

C'est dans ce sens qu'il est pertinent de préciser que tout au long du texte ressort une poétique du regard qui sous-tend une saisie esthétique. Celle-ci met en valeur la part prise par le sujet. Ainsi, l'ébranlement du sujet, le statut particulier de l'objet, la relation sensorielle entre les deux, l'unité de l'expérience, l'espoir d'« *une conjonction totale à venir* »[36], constituent les éléments de cette expérience sensible.

En effet, l'interpellation se fait de plus en plus pressante et la figure collective se fie à l'Echanson pour qu'il conjure une évanescence comminatoire et une métamorphose imminente :

---

[36] A. J.Greimas, *De l'imperfection*, Pierre Panlac, Périgueux, 1987, p. 22

« *Anéantis-nous avant le terme fatal de notre mort, enfant inoubliable ! Ravis-nous à notre transfiguration !* » *(p.16).*

Les fidèles de l'Asile sont pris de vertige devant l'Echanson ensorcelant qui a mené les Orants à l'extase et les a « *brûlés par le délire de la Beauté* ». C'est un ange « *sous le regard de qui s'illuminent et prennent corps palpable les arcades de l'Asile, l'architecture de la ville ou les ondulations sablonneuses du désert, et encore la production de l'écriture et l'évolution du récit* »[37].

Les Orants mystiques sont ensorcelés par la figure angélique, et le délire et l'extase ont pris de l'ampleur ; le réel construit est d'autant plus merveilleux que seul le langage poétique peut le prendre en charge :

« *La poésie exalte la suprême simulation de tout réel et chancelle dans son ravissement au monde* ». À partir de cette situation mise en place, le narrateur accentue la force de l'acte poétique et son rôle déterminant dans le récit où l'énonciation lyrique va prendre une part large en cédant au plaisir de l'expression. Ce discours lyrique naît du trouble et de la douleur subie par le Maître lors d'une apparition et de sa première vision et aussi de l'advenue de « *L'enfant inoubliable* » invité par le Maître et accueilli par les fidèles de l'Asile.

Et comme « *la sphère du pathétique est celle de la folie, de la mort, de l'obscurité, du chaos, de la disharmonie* »[38],

---

[37] A. Diouri, « La Transe du même », Al asas n° 60, Mai 89, p. 42.
[38] Herman Parret, *Les passions*, Pierre MARDAGA, Bruxelles, 1986, p. 10.

l'énonciation se situe du côté du lyrisme passionnel et d'une expérience sensible que les personnages commencent à vivre. Encore faut-il dire que chez Khatibi, il y a cette tendance à apparenter l'acte d'écrire à l'acte de vivre tant que les deux actes mettent en jeu la destinée de l'être et l'engagent dans un itinéraire parsemé de périls. A ce propos, il affirme qu'« *écrire et vivre sont le même geste souverain* »[39], et que l'écrivain « *brûle dans le cristal du texte* ». Il s'avère que le lyrisme et les discours poétiques s'intègrent à un récit puisque « *le dire poétique par lui-même, fonde une expérience ontologique, non point selon son idéologie traditionnelle, mais quelque chose qui éveille dans l'ivresse de l'être, une pensée délirante.* »[40]

La Beauté angélique, placée devant les fidèles mystiques, favorise le délire poétique du narrateur-récitant-Orant. Le récit se libère par l'intermédiaire d'un regard passionné qui s'arrête sur les parties du corps séraphique de l'Echanson. Ce regard ensorcelé donne lieu à un « *pathos qui perturbe le mouvement naturel et un chaos qui dérange ce qui est essentiel, à savoir le cosmique, le mouvement harmonique* »[41]. La scène de l'adoration se déroule dans la confusion et le désordre aliénants :

« *Orant mystique, tu embelliras notre asile selon la faveur de la démarche et de tes clins d'œil* » (p .18).

« *Dans le dénuement de l'être, d'heure en heure, nous nourrirons tes veines, les plus proches de la déchirure, par*

---

[39] « Lettre à Tahar Ben Jelloun », in *La mémoire future* de T.Ben jelloun, Paris, Maspéro, 1976, p. 65.
[40] *Ibid.*, p.65.
[41] Herman Parret, *op. cit.* p. 10.

la prière absolue et notre adoration sans réserve. Ce sera le chant puis l'incantation convulsive, puis un silence, puis le passage, puis l'errance, puis l'éclair, puis l'annonce, puis l'unisson, puis la rupture, puis la transmutation, puis la séparation des éléments et des formes, puis le ruissellement de ton corps » (p.18).

Ce fragment, de par sa structure poétique, montre à quel point le narrateur comme membre de la secte des inconsolés est marqué par la présence de l'Echanson. Il est également certain que l'écriture y subit les effets de l'advenue de cet ange envoûtant. D'où l'émergence d'une voix, celle de l'écrivain qui s'adresse aux pages, aux mots en tant que dispositif scriptural :

« *Que ces pages brûlent dans leur chimère ! Que les mots les plus inespérés volent en éclats* » (p. 19).

Par-delà le halo symbolique et mystique dont l'Echanson est entouré et l'enchantement qu'il exerce sur le narrateur et toute l'assemblée, la description ne cesse de se déployer à partir de la figure centrale. Elle tend à fixer sa marche et sa « *grâce fêlée* » qui transmuent les vasques, les colonnes et les arcades et leur confèrent une forme déterminée par le « *don surnaturel* » de la Beauté :

« *Suivons le regard de notre ange : ne soutient-il pas, en reflet, le plafond de l'Asile, plafond retenu par des arcades délicatement incrustées* » (p. 20).

Aussi se développe-t-il un discours amoureux qui fait subir à l'entourage des métamorphoses suivant l'ivresse lyrique et l'envahissement subjectif de l'instance observatrice. De même, l'objet esthétique, « *manifestant ainsi sa prégnance, va au-devant du sujet observateur* »[42]. Cette subjectivité donne au réel perçu la dimension de ses désirs et fait que tout se module « *pour le plaisir du Bien-aimé* ».

Cette dernière notion abstraite, annoncée dès le discours programmatique de l'*incipit*, montre mieux l'orientation du récit soumis à la passion, sa fatalité et son parcours tragique. L'introduction de Muthna, quand tout se déplace vers la ville où elle attend étendue sur son lit à baldaquin, va permettre de développer le récit amoureux poussé jusqu'à l'androgynie, l'inceste et l'extrême des relations amoureuses.

La promenade du Maître et l'Echanson, après le concert spirituel, dans le jardin est un prolongement de la mise à l'épreuve que subit l'Asile. La scène ravage « *dans le cœur du Disciple toute rébellion indiscrète* » (p. 23).

Le narrateur interpelle le Maître et cherche à savoir comment celui-ci a disparu et à quelle destinée la passion l'a voué. L'Echanson a ébranlé la solitude du Maître, celui-ci « *disparaît dans la nuit, sans indiquer de trace, sauf son froc déchiré et jeté sur les fleurs* ». Le Maître a manifesté les effets immédiats de l'épreuve et a montré à quel point il est obnubilé par l'Apparition qui a mis en branle son ascèse et sa « *résignation célestielle* ». Il a quitté l'Asile pour une période afin de partager avec les mendiants et les pleureurs leur détresse.

---

[42]A. J. Greimas, *op. cit.*, p. 27.

« *Commence de nouveau la contemplation du visage, le Disciple prend ta place devant nous face à l'Echanson. Qui donc peut supporter une telle Apparition ?* » (p. 26).

Cet exemple montre nettement que le récit se produit à partir d'un tissu de rapports qui donne naissance à un discours en relation avec le vécu des personnages. L'Echanson, après avoir manifesté une « *intensité exorbitante* » parle de sa destinée indélébilement marquée par l'égorgement du père et le rapt de la mère. Muthna, sa sœur elle aussi, est replacée dans un cadre historique et mythique décisif.

Notons également que le degré extrême d'extase et l'état de possession où les fidèles en sont arrivés correspondent à un foisonnement d'histoires, ce qui n'est pas sans effet sur la trame narrative du L. S. :

« *Laisse les histoires s'égarer dans la cervelle des possédés* » (p. 28).

Effectivement, dans l'œuvre rien ne semble aller dans un sens naturel, du moment que l'extase, le délire, le trouble perturbent le cours des événements, et les mots, à leur tour, « *se livrent à la danse extatique qui inscrit le texte dans cet espace exigu entre poésie et pensée.* »[43]

Cette facture poétique de l'œuvre provient du fait que l'écriture s'engage principalement dans les voies de l'imagination et du plaisir verbal. Le texte est également nourri du lyrisme qui s'ensource des éléments et permet la

---

[43] A. Diouri, *op.cit.*, p. 42.

transposition d'un état d'âme fulgurant et intense du narrateur et des mystiques :

« *Quand il s'irrigue à la source des éléments, le corps s'ouvre à la joie d'être, en toute chose, retenu* » (p.67).

C'est précisément à partir de ces éléments que s'accentue la féerie et l'ivresse dans lesquelles se déroulent les séances d'incantation.

Ainsi, quand l'Echanson, sous le regard des Orants, entre dans l'eau, il s'y tient debout et, étant affecté par la « *grâce ailée de la vasque* », irrigue l'épreuve des inconsolés. A travers le récit, le narrateur interpelle également le soleil comme pour le prendre à témoin de la condition tragique des figures et lui demander de dissiper les ténèbres qui parsèment le chemin des amoureux :

« *Soleil ! La Beauté est reine de notre passion.*

Viens ! Viens illuminer le chemin de notre sang » (p.41).

A cet égard, on comprend aisément l'effet de la substance enivrante, en l'occurrence le Kif qui est là aussi bien pour vivifier la rêverie et l'errance des figures que pour présider à la musique et rendre la douleur moins aiguë :

« *Quand la douleur t'envahit, Disciple, saisis cette pipe de Kif et prends ta place, parmi ceux qui vacillent dans le désœuvrement de l'être* » (p.65)

Bien plus, le narrateur assimile ailleurs l'Echanson au cristal et, partant, toute frontière s'estompe entre la Beauté incarnée et les objets auxquels elle est associée et qui participent de l'envoûtement :

« *Viens pour nous affoler, ô notre Bien-aimé de Cristal* » (p.28)

« *Nous avons commencé la danse, favorisée par les parfums que ce soir printanier diffuse. S'élève la vasque d'eau, sur des splendeurs ailées* » (p. 56).

Au cours de cette démonstration, il s'avère que la force du dire poétique et l'intensité du lyrisme concourent à la naissance d'un discours amoureux et d'un délire dus a la présence d'une figure angélique ensorcelante. La création poétique est également nourrie des éléments qui prennent part à l'atmosphère qui pèse sur les personnages. Il est à noter que cette atmosphère est on ne peut plus propice à une écriture où « *la jouissance scande le chant dans l'écoute essentielle* »[44].

L'un des aspects du L. S., qui retient l'attention est qu'à travers le texte il y a l'intrusion constante de l'auteur et du narrateur, qui précise l'enjeu d'écriture et qui est sous le pouvoir endémique de la poésie :

« *Il faut préciser ici l'histoire, sinon elle n'aurait même pas le temps de creuser sa tombe (...) Il faudrait écrire au bout de soi, au bout de la terre dévastée, au bout de tout désastre, réclamer l'hallucination de sa vie clandestine, en*

---

[44] A. Khatibi, *op.cit.*, p. 65

faire une fête à jamais captive, vers l'incendie du Destin » (p. 28).

De même, l'auteur est toujours soucieux d'exhiber les lois de son propre récit, et le principe de la narration est décrété ; ce qui permet de saisir le dynamisme et la rhétorique productrice de l'écriture : « *Raconte une belle histoire et je te tue* ».

De tout cela ressort la nécessité de mettre en lumière la gravité du jeu et l'enjeu de l'écriture avec toutes ses implications : l'écrivain, le narrateur, les figures mises en scène, se meuvent dans un espace où ils risquent tout le temps leur vie. D'où cette symbiose qui règne dans le L.S., entre l'arrière-plan mystique, le miroitement des voix, des regards et l'auteur nettement conscient de l'enjeu tragique et incendiaire de sa pratique. L'anecdote référentielle constitue un point d'ancrage quand le narrateur semble aller à la dérive et céder à l'ivresse extatique du poème et du verbe.

Le vécu dramatique des amants mystiques génère un délire poétique autour du rassemblement sacrificiel et multiplie les voix qui peuvent dominer le spectacle : tantôt le narrateur interpelle les personnages : le Maître présidant les séances, le disciple en pleurs, l'Echanson dans la vasque d'eau..., tantôt il s'attarde sur la condition qui le lie à la secte des inconsolés.

Le regard continue de médiatiser la perception, et le malaise vécu par les personnages ne fait que relancer l'incantation et, par-là, le récit :

« *Et nous les amants mystiques, nous sommes brûlés par le délire de la Beauté (...). Peut-être allons-nous tomber dans l'abjection et la honte tant notre sperme retenu relance notre chant* » (p. 34).

Le deuxième chapitre, « *Au Seuil du désert* », s'ouvre sur une interpellation de l'Echanson dont la présence comble toujours le regard du narrateur et donne libre cours à une imagination onirique :

« *Là, le lézard se réveille de sa léthargie perpétuelle, là un serpent s'élance parfois vers le ciel, là je te vois nue, entièrement nue. Oui enfant inoubliable, maintiens la ville à l'horizon de ce récit, avant son écroulement dans ma seule mémoire* » (p. 38).

Le narrateur fait dépendre le récit et ses différentes composantes des figures perçues à travers un regard de plus en plus enchanté et émerveillé par leur surréalité. Ainsi de la ville qui vacille et qui est près de s'écrouler, ce qui n'est pas sans révéler l'état d'âme de l'auteur-narrateur-récitant, arrivé à l'apothéose de son cheminement extatique.

Le narrateur se détache souvent de la secte pour faire figure de porte-parole de l'écrivain :

« *Oui, oui, c'est toi mon ange vespéral qui règne sur toute ma vie et toute ma mort. (...) Ne doute pas de ma loyauté d'âme, c'est elle qui renouvelle la promesse de ce récit* ». (p. 48).

Dans l'élaboration de l'histoire et du texte, la linéarité est effectivement brisée et il y a tantôt l'émergence de l'écrivain, tantôt celle du narrateur et parfois celle des cris poétiques à travers des notions abstraites :

« *C'est au seuil du désert que crie l'être possédé : je suis l'Amour, je suis l'Amant, je suis l'Aimé* » (p. 38).

Le récit est placé sous le signe de « *la passion angélique et de la grâce de la musique* » et ceci rend sensibles toute vibration et toute apparition qui transmuent le monde, en « *une demeure extatique à l'âme errante, au-dessus des tombeaux ouverts* ». Cette âme n'est rien d'autre que celle des mystiques qui s'enivrent de la Beauté angélique et des vibrations de la musique. « *La vibration astrale de la poésie* », les mots, la figure enchanteresse teintent le récit d'une coloration particulière :

« *Chaque chose renaît à partir de son origine que le mot aimant et précis ravit* » (p. 4).

Les mots sont chargés d'affects qui leur confèrent le pouvoir de dominer le réel sous la dictée de la passion. Il en est de même pour le récit qui condense un échange affectif et passionnel entre l'auteur et un « tu » relevant du référent autobiographique :

« *Reste, reste au moins pour lire ce récit, car il est le tien ; il est de bout en bout, le nôtre* » (p. 46).

« *Ce récit poursuit une décision implacable. Comme extase de la pensée, il doit se dissoudre dans la fatalité d'un acte funèbre. C'est pourquoi, m'emparant de toutes les morts involontaires, je restaure l'idée de la passion. Pour t'aimer au Seuil du désert* » (p.48).

D'autre part, notons que ce va-et-vient entre les figures de la confrérie mystique, la narrateur-auteur, le poète et le scripteur, fondé sur une profusion pronominale, accentue l'envahissement d'une subjectivité. Celle-ci est de plus en plus encline à se confesser, à se délester des pulsions qui relancent la production du récit et de l'écriture.

Il faut en conclure que l'histoire matricielle polarisée autour de la mystique ainsi que les deux contes[45] insérés dans le récit principal, ne sont qu'un prétexte pour élaborer un texte où le récit se trouve sous-tendu par le dire poétique, et célébrer une pensée qui « *se livre dans un élan giratoire* », comme c'est dit dans le texte.

Dans le L. S., l'écriture est engagée dans un itinéraire où la passion, la mort et le récit se confondent si bien que l'un peut être perçu comme métaphore ou substitut de l'autre :

« *Le chemin de la passion est de sang* ».

---

[45] Le premier conte est celui des chevaliers et du cadi, en quête du fondateur de la ville, dans le deuxième chapitre : « Au Seuil du désert ». Le deuxième conte est celui du fou et du prince, en quête d'origine, dans le quatrième chapitre : « transfiguration ».

« *Et si ce récit va accomplir avec toi ton premier enterrement, c'est afin d'accueillir la mort qui nous habite chaque fois que la passion fait rage* » (p. 51).

La mort traverse le récit et lui fait subir un traitement particulier. Ce récit, mêlé à la passion et à ses différents avatars, subit ses effets et, partant, finit par être enterré au même titre que les sujets amoureux. Dans ce sens, l'intrusion de l'auteur est toujours explicite et fait le point sur le processus scriptural en cours :

« *De loin en loin, j'aurai circulé autour d'une figure en écharpe, mettant en lambeaux – selon une vision extatique – tous ceux qui, morts/vivants, auront perdu de face* » (p.32)

Cet exemple condense les modalités d'écriture sous-jacentes au L.S. : l'auteur, à côté de ses figures, moyennant un délire verbal et une vision extatique, traite l'imaginaire comme une potentialité de construction de l'objet. De même, on note que toutes les stratégies déployées visent essentiellement à propulser le récit tout en rendant possibles l'affleurement d'un Moi lyrique et une énonciation qui se situe du côté du sujet et du langage. Cela est d'autant plus vrai que l'écrivain poète se ressource des figures et des éléments pour susciter un émoi sensuel qui concrétise son désir d'écrire : « *Thalassa ! Donne-moi la joie d'élever mon chant* ».

C'est ainsi qu'on lit chez l'écrivain le désir de mener le récit jusqu'au bout d'autant plus qu'il résiste toujours à la tentation de l'arrêter et se met à la recherche d'un point de repère susceptible de libérer la narration :

« *Ce récit ne peut être interrompu : il se relève là où gicle le sang, et s'assombrit quand la nuit de ton visage m'emporte* » (p. 56).

« *J'aurai dit adieu à tout ce récit errant si le mot ravissement ne retenait à toi, au-dessus de mon tombeau – mon langage – ouvert* » (p. 73).

Signalons une fois de plus que la tâche de mener un récit est malaisée et qu'elle engage le sort de l'écrivain :

« *Devant la gravité de toute écriture de sang, je suis sans défense : en me mettant en croix, tout lambeau de mon corps vole en éclats selon une mutilation haletante ; et, pris par une fureur croissante, je me déchaîne dans le désir d'en finir avec moi* » (p. 57).

Dans ce sens, quand Muthna, afin d'arracher l'Echanson à l'Asile, décide d'assassiner le Maître et ses disciples par un empoisonnement progressif, c'est pour en finir avec les personnages de la secte ; et Muthna, par son attitude subversive et, en ouvrant l'Asile à une transfiguration du mal extatique, permet au récit de progresser dans ce sens.

La possession sensuelle et le chaos que connaissent les personnages de l'Asile, vers la ville et la taverne, sont trop forts pour maintenir la secte : Muthna avait assassiné le second disciple et elle avait été assassinée, avec l'Echanson par les fidèles, après avoir exhibé sa nudité devant la secte.

Le Maître s'est suicidé au terme de l'expérience maléfique avec Muthna ; l'Asile par la suite s'est écroulé « dans son ultime étape mystique ».

Une fois la mise à mort accomplie et l'Asile réduit à néant, le narrateur attend l'issue tragique du récit et son anéantissement imminent :

« *Va, mon récit, ne m'étouffe pas encore* » (p. 148).

Après l'écroulement de la secte et de toutes les figures autour desquelles s'organise la narration, seuls le sujet lyrique et le langage ont survécu et l'histoire se trouve débordée par le lyrisme qui domine le récit :

« *Les murs, les colonnes, les vasques, jadis si ailés feront adieu aux mots qui les ont incrustés avec un plaisir irréparable* » (p. 157).

Le spectacle et le paysage implantés au départ par le langage n'ont plus de chance de rester et seuls les mots subsistent pour développer un discours passionnel débordant l'histoire présentée sous le couvert de la fiction mystique ; et cela jusqu'à accomplir la mise à mort de l'auteur narrateur lui-même. Ici, il convient de citer l'auteur qui définit l'écriture comme une mort :

« *Un bon écrivain séduit d'abord, donne du poison ensuite et au fil de l'écriture, il s'empoisonne lui-même* »[46].

C'est pour cette raison qu'on relève dans le L. S. à un certain moment une rupture avec la fiction mystique qui n'est qu'un support du récit. A la disparition des personnages de l'Asile correspond un changement sur le plan énonciatif : le sujet collectif « nous » de la secte, s'adressant à l'Echanson, à Muthna, au maître ou au disciple disparaît au profit d'autres formes pronominales déterminées par l'auteur, le poète et le « Bien-aimé » du discours.

D'ailleurs, le narrateur se dédouble et se détermine comme poète placé sous le regard d'Orphée. Dans le personnage de ce dernier, les Romantiques reconnaissent justement le type du poète sacré et visionnaire et l'ont invoqué, en tant que prototype de la quête gnostique, pour symboliser l'inspiration surnaturaliste. D'où l'Orphisme qui s'est développé pour illustrer le destin du poète et son devoir et qui se réclame d'Orphée qui « *avait civilisé l'humanité en l'initiant à l'expression poétique, laquelle ressemble en tous points à l'expression religieuse* ».[47]

Le Mythe à son origine montre Orphée dans la descente aux enfers en quête d'Eurydice, sa bien-aimée que son regard lui a fait désespérément perdre ; d'où l'insatisfaction et la déception originelles que la postérité avait toujours

---

[46] A. Khatibi, *Le lutteur de classe à la manière taoïste*, Paris, Sindbad, 1977, p. 58.
[47] Hermine B. Riffaterre, *L'Orphisme dans la poésie romantique*, Paris, éd. Nizet, 1970, p. 12.

cherché à mettre en forme à travers une « *mimésis littéraire* ».

La réactualisation de ce mythe spécifie le rôle du poète : il devient guide des néophytes par des épreuves initiatiques. En tant que maître, il doit amener « *à découvrir l'invisible dans le visible.* » [48]

Orphée est le maître des théosophes et, en tant que poète, il est celui des poètes. Ces deux images ne font qu'une « *du jour où les poètes se tournent vers le mystère et calquent leurs attitudes sur celles des théosophes* ».

De ce fait, le L. S., en invoquant Orphée, déploie une prolifération de motifs symboliques de la quête (itinéraire, rituel initiatique, contemplation mystique…) et les obstacles qui se dressent, entre les regards et l'objet de quête, se trouvent abolis.

Le texte se réclame d'un Orphisme. D'ailleurs, dans le dernier chapitre « sous le regard d'Orphée », on s'aperçoit que le Maître théosophe du récit est dans une certaine mesure Orphée mythique, de par son expérience exemplaire, son regard fatidique et son statut de guide des poètes malheureux :

« *Orphée, Orphée, mon maître, mon vrai maître ! Qui d'autre que toi comprend le face à face avec la mort ? Avant de tourner ton regard sur celle que tu aimas pour mieux la perdre, suspends-le sur ma souffrance. Sois*

---

[48] *Ibid.*, p.13.

propice à ce texte exalté qui s'agite entre mes doigts » (p. 150).

À ce propos, notons que la substance du L. S. est dans un lyrisme forcené conduisant jusqu'à la décomposition de l'écrivain qui revendique son pactole parmi les morts :

« *Toi le poète en extase, ne cherche pas ta patrie ailleurs que chez les morts. La mort ! La mort dont je parle est orphique, au sommet de ta vie enchantée* » (p.162).

La mort revendiquée va advenir et mettre fin au récit et elle va être provoquée justement par la passion déclenchée par le regard. Ce regard prégnant, faut-il le rappeler, déclenche le récit et le traverse de bout en bout en relation avec la passion :

« *Nous avons fondé notre confrérie sur d'autres principes et nous avons tourné notre pensée vers la passion du regard, vers un anéantissement graduel, vers une rigueur inexorable* » (p. 101).

C'est précisément ce regard qui va mener l'anéantissement à son terme en présidant à la décomposition de l'écrivain qui est à la merci du Bien-aimé :

« *En descendant dans ma tombe, je suppliais le Bien-aimé : Aide-moi, aide-moi d'une dernière pensée. Il me regarda. En frémissant de froid, je fus décomposé* » (p. 163).

Ainsi, le L. S. est parcouru de part en part par une profusion de voix et une multitude de regards qui disséminent l'écriture dans tous les sens. L'œuvre, en tant que récit poétique, est un objet construit et se fait itinéraire. En raison de sa facture poétique, on trouve que son personnage est « *à la fois le sujet d'une quête et le sujet d'une phrase ; et, porteur d'un désir inassouvi, il s'éveille au cœur de la prose sensuelle* »[49].

L'éclatement de l'écriture dans le texte trouve en partie sa justification dans les discours paraboliques et la superposition de symboles axés sur la pensée de l'Androgyne.

---

[49] Jean Yves Tadié, *le Récit poétique*, Paris, PUF, 1978, p.46.

Deuxième chapitre
La narration et le didactisme

Il importe de signaler au sujet du L. S. que c'est une œuvre qui rend clairement compte de l'entreprise et du mode de travail de Khatibi dans le domaine de l'écriture. Il s'agit pour lui d'élaborer une œuvre selon sa frappe et son désir qui déplie une gamme de séquences où la sensibilité donne lieu à une jouissance narrative et à des envolées lyriques. Force est de préciser, à ce propos, que la facture poétique préalablement analysée est assortie d'une pensée orchestrée à travers le jeu relationnel des personnages, des situations dramatiques et des moments clés de la trame narrative. Encore faut-il montrer qu'il est question chez l'auteur d'une pensée sensible à ses formes et pour lui il n'est d'écriture qu'investie de cette bipolarité : le poétique et le réflexif sont étroitement liés et constituent les deux paradigmes majeurs qui fondent le texte.

Le L. S. construit un univers particulier fondé essentiellement à partir de l'imaginaire de la quête mystique, du paradis islamique, de l'adoration et de l'altérité. Notre propos va essayer d'analyser, à travers le développement de l'anecdote référentielle, les principes relatifs à une certaine pensée qui est à l'œuvre dans le texte. En fait, il s'agira de voir que le texte donne à réfléchir sur l'expansion de l'Eros mystique et que la quête gnostique du Maître, des disciples est propice au développement de cette pensée. Le narrateur, à partir des situations précises, développe des idées et fait ressortir des définitions.

Ainsi, nous verrons qu'à côté de cette fiction mystique, il y a l'élaboration d'une pensée angélique et que la nature des personnages infère des idées qui fondent cet espace de pensée.

Celle-ci est développée à mesure que le jeu narratif prend de l'ampleur. Il est également important de voir que, de par cette ambition à élaborer une pensée particulière, le texte procède de la Transe du Même qui conditionne les rapports entre les personnages, ce qui permet de lire une pensée de la différence dans laquelle s'inscrit le L. S.

1- L'Eros mystique et la pensée angélique

Notons, d'entrée de jeu, que l'auteur met en œuvre toute une symbolique dans son texte et que la facture poétique ne l'empêche pas pour autant de déployer des questions constitutives de l'imaginaire individuel et collectif.

Ainsi, l'Eros mystique est abordé en étroite relation avec l'amour érotique, la passion et ses rapports avec la vie et la mort.

Dans le texte, l'*incipit* précise d'avance qu'il s'agit d'« *une pensée inouïe, précédée par la figure de la mort* ». Cette pensée sera célébrée au sein de la secte des Inconsolés, ce rassemblement sacrificiel implanté par l'écriture.

Le récit, étant enchanté, place l'Echanson face à tous les membres de la secte et c'est à travers ce spectacle que se précise la sensibilité exaltée du narrateur et des figures mystiques. C'est dans ce sens qu'on peut percevoir le mouvement de l'Eros mystique et l'extase des sujets,

« *Et bien que nous t'imaginions (....) flotter comme un ange diaphane, arraché de tes parures une à une selon la douceur d'un évanouissement astral (...). Fais donc circuler parmi nous ton regard clair, si clair qu'il enflamme la coupe de vin* » (p. 15).

La présence de l'Echanson parmi les Inconsolés « *obscurcis par maints exercices spirituels* » détermine tout et pèse sur toute la secte, d'autant plus qu'il se distingue par sa nature angélique. L'ange diaphane qui fait circuler les coupes de vin est une image qui va permettre de libérer des significations et faire sourdre un sens induit par l'activité de l'imagination ; le cadre de représentation est conditionné par cette présence angélique et tout semble obéir à ses lois : « *Notre ange a la démarche nonchalante, délicate et quelque peu brisée (...) l'Asile semble aller à la rencontre de notre ange avec une liberté toute naturelle* » (p. 20). Les démarches irrésistibles de l'Echanson provoquent transformation de l'espace de l'Asile et l'amène à un enchantement fatal.

Cette activité imaginaire est permise par le travail des fantasmes et des questions d'ordre symbolique qui marquent l'inconscient :

« *Serions-nous tentés par une ruse démoniaque à faire descendre le paradis de l'Islam sur terre* » (p : 19).

Il paraît donc évident que la transposition littéraire de l'imaginaire musulman et de tout un univers précédé par la mort met en scène une vie peuplée de figures séraphiques dont fait partie celle du texte.

L'Echanson apparaît donc ainsi de cette manière fulgurante, et module, de la sorte, le rassemblement de la secte ; c'est à partir de cette étrange beauté que le narrateur déclenche une réflexion sur un contexte historique caractérisé par la violence et de subtils égorgements :

« *Il faut deviner toute une correspondance souterraine de perversions (...). Quand l'histoire frappe avec une telle rage, la poésie exalte la suprême simulation de tout réel et chancelle dans son ravissement du monde* » (p. 16).

Notons qu'à cette histoire explosive va correspondre dans l'œuvre une mystique et un simulacre interposé par l'écriture pour éviter justement de sombrer dans les vicissitudes d'un contexte historique cruel.

Dans ce contexte, le narrateur parle de Gengis KHAN, « *l'empereur océanique* », dont les chevaux voulaient atteindre ce qui excède tout pouvoir et s'élevaient « *par une pensée nomade, entre ciel et terre* ». Il y a donc là des significations explicites quant au contexte auquel la fable mystique est rattachée. C'est à cet égard qu'il y a lieu de parler de la pensée angélique, comme forme permettant d'opérer une ouverture vers un pèlerinage symbolique qui est aussi bien l'incessante novation de l'être que la visite de son infinitude et l'approfondissement de sa beauté. Cette pensée liée à la quête mystique est propice à l'approfondissement des questions de l'être, de la beauté, de la passion.

Par le récit enchanté et l'expérience visionnaire vécue par les inconsolés en présence de l'Echanson, il devient possible de dessaisir l'Etre d'un monde, d'un sens et d'« *une totalité ordonnée et monotone des étants* »[50].

La première apparition vue par le Maître et l'accueil de l'Ange dans l'Asile des Inconsolés met tout le monde en présence d'une étrange beauté « *qui devrait embraser la vapeur qui flottait sur (leurs) corps* » (p. 17).

L'installation de cet ange dans l'Asile fait son effet sur le cœur et l'âme des fidèles :

« *L'âme n'a pas de lien fixe, le cœur est un exil errant* » (p. 17).

Cette formule aphoristique est induite par cet effet de l'ange et infère une vérité généralement dictée par un jeu de rapports présentement établis entre les fidèles et l'Echanson, une splendeur libérée du visage.

Les fidèles, sous l'impulsion de l'Eros mystique, regardent pleinement cette chance qu'ils ont parmi eux et c'est leur regard qui régule leur attitude et médiatise leur aspiration à s'accomplir dans une totalité.

La grâce de cet ange « *est une empreinte du mal* ». Ce qui lui ajoute un trait par lequel le Mal est considéré au même niveau que le Bien. Cela d'autant plus que de telles antithèses trouvent des résonances particulières dans le texte. Il en est ainsi de l'Echanson qui est perçu par un regard qui lui confère une double nature :

« *Nous te verrons infiniment déguisé, frère et sœur, ange et démon, enfant et gorge tranchée* » (p. 18).

---

[50] Christian Jambert, « Philosophie angélique », *L'Herne* n° 39, 1981, p. 99.

Ces questions de la duplicité sont à intégrer dans cette pensée angélique qui suit, selon le terme de Henry Corbin, un principe d'arrachement à toute idéologie et toute tension manichéiste. C'est une pensée qui est soutenue par le Mythe de l'Androgyne qui préside également au déploiement de ces principes.

C'est un fond narratif qui est prétexte à un didactisme relatif à une pensée particulière.

L'Asile des Inconsolés est soumis aux lois de ce mythe puisqu'il abrite une figure surnaturelle.

« Ce pays semble se dégager des lois de la pesanteur pour s'abriter dans le seul élément du Mythe. (...) Tourné vers la Mecque et la Pierre Noire-météorite tombée jadis des airs –, l'Asile reprend à rebours le chemin de sa partie céleste. Et tout minaret, par son chant envolé, ne répète-t-il pas à l'infini la même érection mystique ? » (p. 19).

Ce fragment rend compte de cette alliance du fonds symbolique arabe par le biais du Mythe lié aux motifs de l'imaginaire arabe.

Ainsi, à partir de l'ange, le discours est centré sur l'arrière-plan de son apparition et la créativité imaginaire qui le fait advenir dans le contexte mystique.

En fait, il est un emprunt au paradis de l'Islam tel qu'il est présenté par le Coran et tel qu'il est connu dans l'imaginaire collectif :

« N'avons-nous pas promis aux Bienheureux des jardins suspendus où dansent les houris et les éphèbes immortels (...) je te dirai, mon ange, comment l'éternité de tous ces êtres aériens a fait naître sur cette terre un lien spirituel pour les amants perdus » (p. 19).

L'Echanson est donc l'image de ces êtres qui sont ancrés dans l'inconscient collectif et sont ici présentés dans un rapport de voisinage avec les amoureux. Ce rapprochement s'avère clair puisqu'il est fait allusion au texte coranique qui parle de ces êtres paradisiaques :

« *Ceci est dit dans les versets des houris, hermaphrodites pures, si pures qu'il faut traverser sept cieux pour ne pas s'évanouir* » (p.93).

L'évocation des êtres aériens, des anges porte à réfléchir sur la réalité suprasensible qui participe de la vie de chacun et, partant, elle permet de centrer les propos sur le corps subtil.

Ceci en relation avec l'Eros mystique et la passion érotique. Le Mythe de l'Androgyne est développé comme un simulacre permettant justement d'opérer un retour à la vie « *prénatale* » qui précède la vie sur terre et toute origine. La figure de l'Echanson, dans ce sens, n'a rien de vulgaire et s'élève au-dessus du commun des mortels :

« *Il faut que le simple d'esprit se souvienne de son ensourcement prénatal, qu'il traverse, par d'imperceptibles voiles, le sang immatériel de tous ses pères et frères, de tous ses frères et sœurs, et de tous les êtres angéliques du désir de mort* » (p. 20).

Ce passage montre encore une fois que dans le texte il y a une propension à effacer toute origine. C'est dire que le texte baigne dans une atmosphère irréelle, affranchie de tout conditionnement terrestre.

Le don surnaturel de l'Echanson est une chance rhétorique pour entreprendre une quête gnostique intimement liée à la quête amoureuse, mystique, religieuse et esthétique. A partir de cette présence, le narrateur déploie une pensée proportionnée à la nature de la figure angélique et centrée sur l'amour, l'Etre :

« *Au cœur de la souffrance, la pensée n'est plus coupable, l'intelligence est ravie à sa misère. Et hors du cœur, toute volonté s'enflamme. Tu as jailli dans le déracinement de l'être* » (p.21).

« *La quête amoureuse est une divine séparée* » (p. 21).

« *L'Amant recrée l'Aimé dans une hospitalité inoubliable, selon une fiction de la mort volontaire si saisissante en son idée qu'elle irrigue une partition solaire de l'être* » (p.22).

Ces définitions sont induites par une imagination qui brise tout point d'appui et la pensée angélique se développe en prenant départ de l'ange qui en tant que « *sujet étrange, déborde les savoirs en leur extension comme en leur compréhension* »[51].

L'Echanson, en tant que qu'être subtil présentifié dans l'Asile, est un point d'ancrage pour ébranler la généalogie des poncifs et des systèmes de pensée toute faite.

L'image de l'oiseau qui ravit au vol sa voix et la rencontre de l'être androgyne libèrent l'idée des « êtres impossibles » et font que « *la pensée du Maître danse* » (p. 23).

---

[51] M. De Certeau, « le parler angélique » in *La linguistique fantastique*, Denoël, 1985, p. 112.

Cette danse est déterminée par l'Echanson enchanteur qui met en branle la pensée du maître dans sa solitude et son ascèse.

Il s'agit en fait de conduire la mystique vers l'érotique et établir un télescopage référentiel entre les deux. Dès le début du texte, la germination du mal dans l'implantation de l'ange dans l'Asile, et dans l'activité bachique qui accompagne l'extase visuelle des Orants, oriente le texte vers une pensée hétéroclite qui ne privilégie aucun monopole au détriment d'un autre.

L'Eros mystique est ainsi ébranlé et il est ainsi mis à l'épreuve du moment que les scènes de contemplation sont frappées par le désir et le regard achève d'affecter l'activité mystique d'une dimension érotique.

Le Maître est ébahi par la Beauté et le Disciple qui n'a pas résisté à la tentation s'est trouvé dans la folie que le narrateur définit ainsi :

« *La folie n'est-elle pas une excroissance de la mort, et en quelque sorte sa fille bien-aimée* » (p. 27).

Les deux corps se soulèvent « *dans l'accouplement barré du ciel et de la terre* » et errent dans des lieux invisibles du divin pour assister à la naissance d'un mythe :

« *De là, l'évasion de ce pays vers sa destinée mythique et chancelante, captivée par le soleil. Nous posons le pas où les dieux, les morts et les amants inguérissables empreintent la trace de leur rapatriement* » (p. 19)

Ce détour est explicable par le rapprochement du Mythe et de la mort, et le pouvoir d'intégration des deux éléments.

Ils sont pris comme deux stratégies d'écriture susceptibles de propulser le récit vers une pensée, et comme un ancrage narratif sur la base duquel seront mobilisés des principes fondateurs de cette pensée.

L'Echanson est mis en relation avec Muthna. Celle-ci va pousser l'extase et l'enchantement à l'extrême et va parachever l'entreprise dévastatrice de son frère.

Dès les premiers moments de son introduction, Muthna est liée au côté maléfique du désir et de l'amour. Son apparition coïncide avec l'évocation de l'amour incestueux défini ainsi :

« *L'inceste est un rite extatique de la mort, et toute malédiction s'y irradie* » (p. 40).

Il appert que l'Eros mystique est intimement lié à ces êtres angéliques qui sont autant d'axes paraboliques et symboliques. Ces axes sont mobilisés à des fins didactiques et afin d'explorer l'impensé et l'insu à travers le surnaturel et l'immémorial.

« *Ce texte aura été la mise en vibration d'une touche angélique* » (p. 32).

« *… La poésie incarne un corps et [...] ce corps est la dépouille d'un ange* » (p. 32).

L'Androgyne figuré par l'Echanson et Muthna constitue l'être total fondateur de la pensée à l'œuvre dans le texte.

Compte tenu des deux exigences de pensée et d'écriture qui motivent le L. S., l'ange rêve un monde autre, un ailleurs du social et donne une image d'un monde de l'arrachement qui évite que les principes se figent en un dualisme réducteur.

L'expérience visionnaire du narrateur et des disciples a pour double finalité l'amour qui voit le témoin théophanique dans le visage de la Beauté, et la correspondance de l'intensité corporelle figurée par l'ange aux états d'âme exaltés.

« *L'Echanson, maintenant ivre et nu, pénètre dans l'eau. Il s'y tient debout, la tête penchée et ruisselante, comme si, détaché de la tête, le corps montait vers le ciel étoilé, par la grâce ailée de l'eau* » (p.34).

Cet exemple montre davantage que la présence de l'ange est expansive et que celui-ci étend sa pandémie à tout l'espace où il se trouve. De même, l'expérience angélique accentue l'intensité corporelle de l'ange qui induit une intensité topographique s'étendant à la limite du cosmos comme ordre du monde.

C'est au niveau de cet ordre qu'on voit que la pensée est orientée vers un pôle autre et vers un ordre surnaturel. C'est justement par le biais de l'imagination que le cadre de représentation est déplacé vers un autre espace dont la symbolique hante l'auteur, en l'occurrence le désert :

« *Le pas vers le désert va-t-il libérer notre détresse ? Nous mènera-t-il aux frontières de toute terre ! Désert, pensée promise* » (p. 37).

Le désert, étant « *un lieu où il faut toujours revenir à ce moment de nudité et d'arrachement qui est l'origine de l'existence juste* »[52], est intégré à cette pensée guidée par les pas aériens d'« *un ange de cristal* ».

Si ce récit enchanté se déplace « au seuil du désert » c'est que l'Eros mystique a perdu de sa pesanteur et de son ampleur et que les Orants ont été amenés à une « *errance giratoire de la foi mystique* ».

---

[52] M. Blanchot, *op.cit.*, p.119

L'Asile est un espace où l'adoration est de rigueur. Le désert est un lieu où l'être est dessaisi de la contexture mystique et de toute attache métaphysique. C'est précisément dans cet espace propice à l'errance et au délire extatique que se sont émancipées des questions relatives à l'être amoureux :

« C'est au seuil du désert que crie l'être possédé : je suis l'amour, je suis l'amant, je suis l'aimé » (p.38).

« Le désert est pour l'amoureux le médium suprême de la passion : il partage l'orient et l'occident de l'être aimé, sacrifiant l'un en l'autre selon un partage solaire » (p. 38).

En effet, ces notions abstraites dénotent les faces d'une même réalité, celle de l'amour et, ce faisant, la question de l'être est abordée dans une perspective totalitaire.

La déclaration de ces notions dans un espace aussi immense et libre vise à faire ressortir l'indicible et l'invivable qui sont rarement pris en compte dans la vie.

Notons également que le désert abritant l'ange opère comme « *métaphore d'un passage de frontières entre le réel et l'irréel, le figurable et l'infigurable, le dehors et le dedans, le masculin et le féminin, le nommable et l'innommable* ».[53]

L'objet d'amour qui est ici un ange va dans le sens de cette métaphore, il s'agit des frontières entre plusieurs cultures et plusieurs systèmes de pensée ; le désert comme pensée fait figure d'une pensée totalisante qui semble échapper à tout déterminisme théologique ou autre. Autant

---

[53] Christine Buci Glucksmann, « Fitna ou la différence intraitable de l'amour », *Imaginaires de l'autre*, L'Harmattan, 1987, p.24.

dire que le désert est invoqué dans le texte et l'auteur narrateur semble s'attacher à cet espace pour se libérer des déterminations accumulées par les siècles et subies par la société :

« *Ne suis-je pas né pour aimer définitivement le désert ? Je t'invoque, Désert, assiste encore ma pensée défaillante* » (p. 47).

C'est ainsi que « *cette pensée du désert, hors les cités périclitées, incarne la force de recréation totale et de jouissance et donc vise une radicale transfiguration tant de ces cités que des individus* »[54].

Après ce détour centré sur l'une des métaphores spatiales inhérentes à la pensée angélique, il convient de préciser que l'ange en question ne relève pas exclusivement de la foi mystique et de la croyance religieuse. C'est – rappelons-le – une figure modulant l'extase visuelle des Orants, et c'est également une figure esthétique autour de laquelle s'organise le récit et constitue une stratégie motrice de l'écriture dans l'œuvre.

Le L. S., comme travail mû par une exigence de pensée et d'écriture, développe une poétique et une pensée car il est irrigué par le visage terrible et resplendissant de l'Echanson.

L'angélisassions de ce personnage a ceci de stratégique qu'elle rend possible l'installation d'un ordre intelligible pur, un monde où l'invisible se fait visible, l'irréel côtoie le

---

[54] in Lamalif n° 107, Juin-Juillet, 1979, p.60.

réel et les êtres naturels et matériels font bon ménage avec les êtres surnaturels et subtils.

L'apparition de l'ange en tant que « *revenant d'une poétique et d'une pensée* » [55] condense un langage à partir de sa « *subtilité mélodique* ».

C'est une saisie poétique de la Beauté et c'est cette poétique et cette vision esthétique qui accentuent la beauté de l'invisible. De ce fait, l'ange est « *un emprunt rhétorique pour déborder la scène mystique* »[56] en mettant en branle la rigueur et l'ascèse des Orants mystiques.

Par son expansion poétique, l'angélique bat en brèche l'Eros mystique et totalise la relation d'amour en alliant l'érotique et la mystique. C'est une figure littéraire qui médiatise cette totalisation. Pour cette raison, l'apparition de l'ange a pour finalité de provoquer une extase chez les Orants et, partant, leur infliger une souffrance et une douleur proportionnelles à sa beauté effrayante.

Dans le but de mettre en relief la beauté visible de l'objet d'amour, le narrateur fait allusion à l'histoire de Joseph, empruntée au Coran :

« *Une telle pensée exquise et scintillante incline vers le vacillement d'une joie et d'une souffrance secrètes. (...) Que la danse éclate ! En dansant, rappelle-toi l'histoire de Joseph : quand elles le virent apparaître dans toute sa beauté, les femmes se coupèrent la main* » (p.65).

---

[55] M. De Certeau, op. cit., p. 112.
[56] Hassan Wahbi, « D'amour et de mort ou la parole inouïe dans le Livre du sang de Khatibi », in *Langues et littératures,* volume XII, faculté des lettres de Rabat, *1994.*

L'angélique est soutenu par cette histoire de Joseph pour éclairer le visage de la beauté et l'ériger en pensée. D'autant plus que L'Echanson est paré de visions angéliques et constitue « *la lumière autour de laquelle tourne l'Asile* » comme le dit le texte. Cette nature exorbitante, de par son irréalité, est l'extrême de la beauté ; l'ange du texte est, par conséquent, une figure abstraite et paradigmatique qui s'annexe tous les attributs de l'objet d'amour et cristallise le devenir de toute relation d'amour.

« *C'est l'irréalité qui rend visible et palpable la beauté du réel* » (p. 52).

« *L'ivresse généreuse irrigue l'enthousiasme de la pensée* » (pp. 53-54).

Ces deux exemples illustrent le rapport de la pensée au corps angélique.

La réflexion se libère à partir de ce corps qui est à juste titre « *la référence invisible de la société qui le spécifie* »[57]

Il est donc significatif que le corps du texte soit doté d'une nature angélique et soit rattaché à un Eros, mystique au départ, pluridimensionnel par la suite. La beauté représentée est telle qu'elle résorbe toutes les possibilités amoureuses. L'érotique, la mystique et l'esthétique convergent vers ce même pôle qui donne la possibilité de réfléchir sur différents types d'attachement et pousse l'amour jusqu'au bout :

---

[57] « Histoire de corps », entretien avec M. De certeau, in *Esprit* n° 2, 1982, p. 180.

« *La beauté inoubliable mérite d'être adorée par une passion sanglante et surnaturelle* » (p. 55).

Cette déclaration explicite la nature étrange de l'Echanson comme stratégie sous-jacente à l'élaboration d'une pensée. A cet égard, la narration et la pensée se conjuguent et établissent un chassé-croisé où le narratif est solidaire du didactisme.

En effet, c'est autour du visage de l'Echanson que se manifestent les éclats de pensée. Comme cette beauté est élaborée par une rhétorique de l'excès, elle est perçue dans ses limites extrêmes. Voyons à titre d'exemple la jalousie mortelle du Disciple à l'égard du Maître et de l'Echanson : il est pris d'une passion douloureuse et c'est une situation à partir de laquelle il y a lieu de réfléchir et de définir sous forme d'aphorisme la passion comme « *sépulture errante d'une mort séparée d'elle même* » (p. 65).

Cette passion a pour corollaire la mort qui lui est consubstantielle. C'est une pensée qu'on lit à travers la propension du texte à déborder le cadre mystique et à déclencher chez les Inconsolés et chez l'auteur « *une errance giratoire* ».

Ainsi, la marche du disciple vers Muthna est une épreuve encore plus grave. C'est une marche vers la prostituée, « *la déesse du Mal* » qui est précisément une figure maléfique qui subvertit l'ordre de la croyance et de la pensée. Cet ordre du Mal est l'élément duel de la beauté essentielle dans le texte :

« *La Beauté infiniment belle, infiniment dévastatrice n'est-elle pas la clarté du mal* » (p. 117).

Le Mal porte donc un coup décisif à l'Eros mystique et donne à la pensée angélique plusieurs dimensions. Cela se confirme également au moment où le disciple est mis en demeure de choisir entre la mosquée et la taverne et finit par choisir celle-ci en « *courbant la tête* ».

C'est dans cette optique qu'on peut affirmer au sujet du L. S., qu'il élabore une pensée angélique. Entendons par là qu'il mène une quête gnostique tournée vers une perspective totalitaire, sans aucune attache systématique, et qu'il ordonne la réflexion sur un ordre contemporain à une écriture disséminée. Le corps angélique est là pour mettre en crise la foi mystique, pour servir de support à des spéculations et à des déclarations de principe, et aussi pour orienter le récit en sous-tendant le déroulement du procès romanesque.

Tout cela pour répondre au double impératif de l'écriture et de la pensée. C'est à partir du corps surnaturel que l'ordre de la pensée est placé et qu'il y a possibilité de réécrire pour dépasser sous l'effet d'une « apparition hallucinante ». Par ailleurs, à côté de cette pensée construite à partir d'une intensité angélique, il paraît pertinent de voir dans le devenir romanesque comment s'instaure une pensée de la différence centrée sur les différentes configurations de l'Etre.

2- Vers une pensée de la différence

« La Transe du Même » parsème le texte et parcourt toute l'œuvre du fait de la fiction mystique et de la facture poétique. L'expérience où se trouvent impliquées les figures est trop intense pour ne pas provoquer leur délire et leur extase.

A propos du Même et de la pensée de la différence, Khatibi note que c'est « *une pensée qui va au-delà de la théologie et de la métaphysique* ».[58]

D'autre part, il déclare :

« *On peut dire que dès lors je m'inscris quelque part, pourquoi ? Parce que le Même, c'est toute la pensée de l'identité, particulièrement dans l'Islam où l'identité nous fascine car c'est revenir toujours sur l'autorité du père symbolique, sous l'autorité de Dieu* »[59].

A partir de cette déclaration extratextuelle, il est possible de voir comment le texte est élaboré par le corps de l'Androgyne comme source de l'écriture qui permet la construction d'une pensée.

L'insertion littéraire du mythe de l'Androgyne est un travail métaphorique qui est mû par des besoins didactiques et démonstratifs. Il permet de dissoudre les antagonismes sexuels sociaux et culturels, et tous les paradoxes du double.

Cela est relié à l'hétérogénéité qui caractérise l'être et lui confère une structure oppositionnelle. Ce Mythe autorise à saisir l'entité ontologique dans sa totalité et dans ses différentes configurations.

Le Mythe, tel qu'il est rapporté dans *Le Banquet* de Platon, apparaît comme la totalité de l'être avant la division et la section des sexes. Mais la concurrence des divinités avait entraîné la division des deux sexes qui se trouvaient dès lors tendus l'un vers l'autre.

---

[58] « Vers une véritable pensée de la différence », *op.cit.*, p.28.
[59] *Ibid.*

Cette figure exemplaire de totalité est originellement divisée et le Mythe perpétue le désir de revivre symboliquement la plénitude initiale et la totalité primitive.

Dès lors, la négation de la division s'effectue par « *la réintégration symbolique de l'autre en soi* »[60], et l'Androgyne fonctionne comme capture imaginaire de l'autre.

De même, cette « *division des sexes marque l'origine du mal, qui est séparation* »[61].

Ainsi, le mal et l'altérité, consécutifs à la perte de la totalité, vont de pair avec la réintégration de l'autre.

A partir de ces considérations générales sur l'origine du Mythe, nous essaierons de voir la pertinence de son retour dans le texte de Khatibi.

Le L. S. réactive l'Androgyne en tant que corps absolu qui est un motif de la recherche de la perfection originelle. Cette quête implique un cheminement malheureux et dramatique. Ce corps est mis en relation avec la quête mystique. L'entrée de l'Echanson dans l'Asile des Inconsolés polarise le récit et tous les regards et active la transe des Orants.

« *Nous te verrons infiniment déguisé, frère et sœur, ange et démon* » (p. 18).

Dès les premiers moments de l'activité visuelle, il est question de l'Androgyne dont la figure est éclairée par « *la rotation du Féminin et du masculin* » (p. 21).

---

[60] H. Wahbi, « le corps double » in *Abdelkébir Khatibi*, Rabat, OKAD, 1990, p. 83.
[61] *Dictionnaire des mythologies*, T.1, sous la direction d'Y. Bonnefoy, Flammarion, 1981, p.28.

Le récit précise à l'avance les qualités totalisées par la figure de l'Echanson. Le texte suit au début le cheminement d'un recommencement et pose l'Androgyne comme figure appropriée à ce départ où l'ivresse et l'enchantement sont provoqués par l'advenue d'un ange terrible :

« *L'Echanson nous a été prêté par le destin pour ébranler notre généalogie sanguine. Bénie soit cette rencontre ! Bénie soit la forme d'un être androgyne, livré à notre emportement angélique* » (p. 22).

Si l'Echanson permet aux mystiques d'arriver à l'apothéose de leur activité extatique, par l'accueil d'un « *divin se fardant le visage avec le sang* » (p. 28), Muthna, en tant que partie féminine de l'Androgyne, va introduire un désir sans loi.

« *Sa résurrection est celle du Mal* » (p. 29).

Le couple oppositionnel, le Bien et le Mal, est dans un rapport de voisinage avec le Divin, l'angélique et Muthna. Par la présence de ce personnage à côté de son frère, le récit manifeste une propension vers la totalité de l'Etre et vers une vision globale que recèle le corps de l'Androgyne. Cette vision est élaborée à partir de l'expérience de ce corps et sous l'impulsion sensible du narrateur qui saisit cet Androgyne :

« *Enfant inoubliable, nous te voyons renaître à la pensée duelle de ton corps et de ta face, et par ta sœur tu apparaîtras totalement ! Bénie soit cette transe du Même ! (...) cette pensée folle est une espérance pour ceux qui renaissent dans le chant de la mort* » (p. 40).

La pensée est donc liée à ce corps double comme élaboration esthétique à des fins démonstratives. C'est à partir de cette entité totale « *qui advient à la lumière du mythe* » qu'il est possible de tenir un discours réflexif sur un réseau de valeurs qui régissent l'ordre du monde et sur l'altérité comme ordre du Même. D'autant plus que le corps est élaboré par une vision extatique tournée vers la fulgurance du surnaturel :

« *J'appelle Androgyne ce corps extatique de l'être, apparence dans l'apparence de l'homme et de la femme en un effacement infini. Oui l'Androgyne est éternellement le fiancé de toutes les femmes et la fiancée de tous les hommes* » (p. 52).

« *L'ivresse généreuse irrigue l'enthousiasme de la pensée. Et voici que s'efface toute identité, toute différence* » (p. 53).

Ces deux exemples explicitent le mode de fonctionnement de l'Androgyne et son rôle stratégique dans le développement d'un discours philosophique sur la dualité du féminin et du masculin, de l'identité et de la différence. Ce corps, par son hybridité, alimente une pensée centrée sur la différence manifestée à travers l'amour, l'être aimé et l'Etre :

« *Lorsque l'Androgyne advient, le féminin n'est plus le contraire du masculin ni son complément ; tous deux sont ruissellement d'une même origine perpétuelle qui, elle, est une perte inouïe* » (pp. 137-138).

« *Je vous aime tous les deux selon le même amour* » (p. 42).

« *C'est le principe de l'Androgyne qui unifie dans le vide irradié les dieux et les hommes, les anges et les démons, le ciel et la terre* « (p. 14).

Cette réflexion montre la compacité structurelle de l'Androgyne qui englobe les parties du double :

« *Notre hommage salue les deux faces de ton être, et ce qui jaillit, en cette épreuve perdue, c'est encore la splendeur* » (p. 30).

Il s'ensuit que la figure du discours est aussi bien celle du corps de l'Androgyne que celle des Orants. En effet, les deux vont connaître l'épreuve de la séparation et de la rupture.

Les deux parties complémentaires de l'Androgyne coexistent dans la figure double ouverte à la pensée :

« *La face est là, selon l'incarnation d'une figure (...). Et d'image en image, un ciel vivant glisse de part et d'autre sur un paysage ouvert aux pensées les plus aveuglantes* » (p.79).

Cette coïncidence condense les éléments définitoires d'une pensée de frontières qui est placée sous le signe du Même. Toutefois, cette conciliation de toutes les oppositions est marquée par la souffrance, la blessure et la rupture :

« *Nous sommes unis, homme femme, frère sœur, mortel immortel, dans la Transe de Même et le Même, par la grâce du sang, renouvelle l'offrande d'une pensée sanguine* » (p.80).

Au moment où l'Echanson et Muthna sont présents dans l'Asile, c'est le comble du malheur et la provocation de toute loi qui est ici un « *meurtre suspendu* » (p. 81).

Muthna, par son attitude subversive et provocatrice des normes, décide d'arracher l'Echanson à l'Asile qui veut absolument le garder. Pour ce faire, elle décide d'assassiner tous les Orants par « *un empoisonnement progressif* ». Par là, l'Androgyne cristallise cette union « *sororale* » et la pensée est dirigée vers le Même.

En effet, après l'enlèvement de l'Echanson, les deux corps sont conduits à une fusion dans le même sang. Cette fusion se manifeste dans un attachement incestueux qui est l'expérience limite de la passion et l'ébranlement du divin que comporte l'Androgyne.

Les deux figures, maintenant loin des personnages mystiques, se livrent eux-mêmes à l'expérience et draine les éléments de la pensée. Elles manifestent ainsi un désir effréné et en contraste avec les valeurs naturelles :

« *L'Androgyne incarne le désir fou de deux beaux monstres* » (p.118).

« *Et j'accorde volontiers à l'Androgyne, monstre des monstres, la parure d'un événement qui, quand il arrive, bouleverse l'amour de l'homme sur cette terre* » (p.119).

L'auteur explicite dans ce dernier exemple l'une des finalités de la réactivation littéraire du mythe de l'Androgyne placé dans « *la nuit du Temps* » et la « *Nuit de l'erreur* ». Ce choix temporel va de pair avec la pratique incestueuse qui invertit l'ordre naturel de la passion.

Au cours de cette nuit où le désir ne connaît aucune contrainte, « *il dort en elle et elle dort en lui selon la Transe du Même* » (p. 113).

Cette confusion des deux personnages s'est effectuée selon le principe du Mal. Muthna introduit une transfiguration extatique dans l'exil et « *avec son frère l'acte de l'inceste* » (p.30).

Cet acte étant consommé, l'accent est principalement mis sur l'androgyne en rapport avec l'inceste et sur les deux éléments comme limites des lois naturelles et de l'interdit islamique.

Cette expérience du corps androgyne donne à lire une pensée qui hâte l'imaginaire de l'auteur. Il s'agit de l'ambiguïté et de la logique du double qui marque toute relation d'amour vécue entre le Même et l'Asile.

De même, ce désir incontrôlé pendant cette nuit sans attaches temporelles et la libération du coït et des pulsions du corps, manifestent et éprouvent l'altérité.

Par le dérèglement sensuel et par l'attraction du Mal, le corps s'arrache à toute autorité et se trouve intégré dans une pensée du Même :

« *Quand on fait l'amour avec son frère ou avec sa sœur, on ne demande pas la bénédiction aux dieux* » (p. 118).

« *Telle est la pensée funèbre du miroir (limite inouïe du Même) impliqué dans l'inceste* » (p. 116).

« *L'inceste est un rite extatique de la mort* » (p. 31).

A la lumière de ces aphorismes consécutifs à l'expérience de l'Echanson et de sa sœur, il paraît évident que les figures ne se mêlent pas impunément à une expérience ; tout concourt à recueillir les éléments d'une pensée parallèle à la situation romanesque.

Il est encore à noter qu'une symétrie est établie entre cet inceste et d'autres rencontres des deux figures androgyniques avec le Maître et les disciples de l'Asile.

L'Echanson présenté le premier par le récit est doté d'une nature angélique qui a ébranlé la conscience tranquille de tout le monde et a mis à l'épreuve la rigueur des mystiques qui n'ont pas résisté à sa tentation terrible. Muthna a accueilli le disciple dans sa Taverne où elle ordonne la prostitution.

Ainsi, les deux participent de la désintégration de la mystique et de la mise en crise de la continence des adorateurs.

Il en est de même du retour de Muthna à l'Asile après avoir laissé son frère enlevé chez une guérisseuse. Elle l'a remplacé par « *une substitution nécessaire* » et par un déguisement selon « *la loi du Même* ». Elle a ouvert l'Asile à une secrète transfiguration et a fini par tenter le Maître et l'arracher à son esseulement. En exhibant sa nudité féminine devant les Orants, elle porte un coup définitif à l'Asile et à l'esprit théosophique mis au bout de lui-même.

Dans ce va-et-vient entre l'Asile et la Taverne, c'est une renaissance incessante de la passion sanglante et orphique qui efface toute frontière et vit la différence comme blessure irrémédiable.

D'ailleurs, la coïncidence de l'union et de la séparation autour de l'Androgyne et de la secte permet de percevoir l'amour comme effacement de l'altérité, mais en même temps une épreuve par la séparation. La coexistence de l'identité et de la différence explicite l'expérience du double et précise que « *dans le cœur stigmatisé, il y a une incroyable promesse surnaturelle pour ceux qui sont infiniment de cette terre-ci la pensée vertigineuse de l'Androgyne* » (p. 137).

Vu ce mélange manifesté par le chiasme des corps, l'on voit que le texte est habité par une hétérologie qui concilie les identités antithétiques et établit une véritable symbiose entre les contraires. Ainsi du couple contrasté : le Bien et le Mal entre lesquels s'efface toute frontière :

« *N'ai-je pas confondu le Bien et le Mal ?* » (p. 136).

« *Le Mal ! Je le veux contre toute loi et contre tout le monde* » (p. 46).

Il en ressort que par cet éclatement des limites, l'auteur est mû essentiellement par la volonté de reconstituer les parties de l'identité plurielle.

C'est dans ce sens qu'on peut lire l'identité et la différence qui se télescopent dans l'œuvre. Marc Gontard montre la coïncidence de ces deux paradigmes philosophiques dans le texte :

« *Du côté de l'identité, le mouvement symbolique est celui de l'union dont l'amour mystique constitue la parabole. Le Maître fasciné par la beauté de l'Echanson s'élève à travers lui au cours des séances contemplatives et incantatoires jusqu'à Dieu, l'absolu. Du côté de la différence, le mouvement symbolique est celui de la division : le Maître troublé par la beauté sensuelle de Muthna fait l'expérience de l'Altérité. Il découvre à travers l'amour l'Autre comme différence et s'élève jusqu'à la conscience du Mal ».* [62]

Il est clair que dans le récit il y a autant d'éléments pour construire une pensée selon laquelle il faut se désenclaver de toute tradition étroite et de tout dogmatisme. L'être est traversé par des identités multiples et doit être désengagé du monolithe d'une culture régionale et aveugle :

« *Plus nombreux sont des ancêtres, plus je ris aux éclats, et plus la joie de l'origine me jette hors de moi* ». (p. 135).

Tout compose l'être historique et l'opposition manichéenne n'est plus de mise. La pensée des absolus est battue en brèche dans le texte ; celui-ci formule la blessure et la saignée de l'être, de l'écartèlement de l'identité entre plusieurs modes de civilisation, plusieurs cultures et plusieurs langues :

« *Écoute, tant que ma langue est parlante, dans l'exacte mesure où je suis sacrifié à cette langue étrangère qui sépare mon être. O ma langue originelle ne t'ai-je pas trahie ! Ne t'ai-je pas bafouée ! (...) Or, j'appelle une pensée surnaturelle pour que tu chantes mon oraison funèbre* » (p. 149).

« *C'est le principe de l'Androgyne qui unifie dans le vide irradié les dieux et les hommes, les anges et les démons, le ciel et la terre* » (p. 148).

---

[62] M. Gontard, *op.cit.*, p.109.

Si on met en correspondance ces deux exemples, on comprend aisément que la différence est douloureusement vécue et que l'Androgyne est une « *mimésis littéraire* » du désir d'unité intégré dans le mouvement du texte.

Il est dès lors possible de préciser que l'Androgyne est un emprunt métaphorique pour effacer toute origine illusoire et instaurer un dialogisme paradigmatique qui donne une vision du monde où « *le Mal n'est pas une simple chute du Bien, un simple plaisir de souffrance tourné vers une destruction implacable* » (p. 143).

« *Le Mal s'annule, de ce fait, en tant qu'ordre moral du péché et s'efface en se transfigurant dans la figure du simulacre* » (p. 150).

La figure de l'Androgyne se détermine en rapport avec des paradigmes et des idées qui sont induites par le corps double qui est le monopole d'une pensée. En tant qu'expression esthétique, le mythe inscrit le texte dans une pluralité sémantique qui est structurée par des jalons de recouvrement d'une totalité originellement perdue.

Cette tendance est toutefois contrecarrée dans le texte et cette volonté orientée vers une unité absolue est mise en échec par la séparation.

L'Asile connaît au bout d'une expérience extrême de la différence l'anéantissement. Cette mise à mort ultime est justement l'échec final qui frappe le simulacre de l'Androgyne dans lequel s'ensource l'écriture. Celle-ci s'engage dans un itinéraire parallèle à un parcours interrogatif. A l'intensité langagière manifestée par l'instance poétique et lyrique se conjugue une intensité corporelle et topologique.

Aussi voit-on dans le L.S. une écriture essentiellement entée sur l'incantation lyrique d'un désir impossible à recouvrer dans une totalité absolue.

C'est une pensée tendue vers une synthèse ontologique et aussi vers le deuil de la rupture et de la séparation.

Troisième partie
La poétique et la pensée

Premier chapitre
L'atopos et le primat de la poétique

Avant d'entamer l'analyse de l'atopos et de la poétique dans le L. S., il est pertinent de rappeler que c'est une œuvre qui est sous-tendue par une énonciation lyrique. C'est la parole dictée par une passion et un désir mis en forme par le texte qui détermine le sens de la narration. Le vécu romanesque des personnages est trahi par une modalité verbale qui condense la force illocutoire et met en évidence l'intensité d'un désir par le biais de l'intensité du langage. Le discours est dépendant d'une prégnance subjective telle que le mouvement du langage remplace celui du parcours vécu au moment où tout bascule du côté d'une sensation exubérante.

Dans ce sens, le récit est la conséquence d'une énonciation désirante qui polarise le langage autour de la parole en tant qu'acte à considérer en soi.

Le récit dans le L. S. n'est pas conduit au moyen des temps qui organisent le déroulement d'un procès préexistant.

Le mode impératif dans le texte explique le mouvement de l'écriture conditionnée par les pulsions du personnage collectif représenté par « nous ». Cette sensibilité s'avère déterminante et décisive dès l'entrée du texte et elle n'est pas donnée comme conséquence d'une causalité dans le procès narratif.

Ainsi, il paraît bien évident que cette prévalence du sensible va donner au texte un souffle poétique ; cela d'autant plus que le désir sensuel du personnage ne saurait être appréhendé autrement que par une conscience poétique et une saisie esthétique. Il s'agit d'une écriture où les différentes formes ne peuvent déroger à cet élan poétique qui apparaît au départ au niveau de l'extase visuelle des figures mystiques devant l'être angélique.

Comme tout récit a une structure imposée par la procédure relationnelle des personnages, par la trame narrative et son développement dans un cadre spatio-temporel, le L. S., suivant un mouvement discontinu, s'accommode d'une poétique qui sous-tend toutes les catégories du récit. Les rapports des personnages sont déterminés par une passion qui les engage dans cet itinéraire où le devenir de chacun est réglé en fonction du jeu relationnel auquel il prend part. L'Echanson est établi entre le sujet collectif, les Orants mystiques, l'Echanson et Muthna ; la trame narrative se développe à partir des rapports établis entre les protagonistes. Et cela jusqu'à l'anéantissement final de la secte des Inconsolés et du corps androgyne investi dans le récit. Celui-ci intègre toutes les formes à un niveau poétique et toute situation est saisie par une instance lyrique qui l'énonce dans une atmosphère où le langage et le sujet se confondent. Ceci affecte l'écriture d'une poétique qui montre dans quelle mesure le L. S. se développe à partir des indices pragmatiques et subjectifs de la langue qui fondent l'écriture loin le toute exotopie. Le narratif est induit par « *une dramatique de l'allocution* »[63].

Le contenu objectif du récit est supplanté dans le discours par une subjectivité énonciative qui rend le monde objectif tributaire de la parole du désir.

---

[63] M. De Certeau, *La fable mystique*, Gallimard, 1982, p.223.

Les événements de la trame narrative constituent pour ainsi dire des métaphores du moment qu'ils sont liés à la genèse du langage de la sensibilité.

Tous les éléments précités concourent à faire du lyrique la charpente maîtresse du L. S.

Ceci dit, il reste à montrer que l'intensité du langage lesté d'une subjectivité désirante oriente le mouvement de l'écriture vers un espace qui demeure sans attache et sans origine. Un lieu consécutif à un état d'âme exalté. A ce niveau se manifeste l'espace fictif de la subjectivité qui s'engage dans un itinéraire où l'aventure du sujet et de sa pensée est pleinement vécue. Cette fulgurance subjective donne naissance à une topographie imaginaire qui produit une esthétique de la mouvance. L'instance lyrique se précipite poétiquement vers les profondeurs d'un enchantement qui appréhende le dehors objectal et le transmue en un faisceau de signes qui fonctionnent à partir d'une « *mimésis intérieure* » et une « *prose sensuelle* ».

Dans la perspective qui est la nôtre, il importe de voir que le manque de déterminations spatio-temporelles est dû au souffle poétique qui régit l'écriture selon le pouvoir de transfiguration et de transmutation. D'autant plus qu'il s'agit de célébrer la beauté du monde en scandant toute nature éveillée et toute pensée sensible :

« *Libérée de tout entendement strict, la pensée appelle l'éveil de la nature. Alors la pensée est une offrande au soleil. Alors elle se met à fleurir, devant la beauté du monde* » (p. 89).

Il est certain que pour appréhender le dehors sensible, l'écriture va se mettre en quête de signes migrateurs d'un espace à un autre et elle va déployer un réseau de champs sémantiques afférents à la mort, à la musique, à l'ivresse.... Elle conduit à un enchantement et une « *sorcellerie évocatoire* » du signe :

« *Langage à cette musique de l'âme qu'est la pensée radicale quand, s'irriguant dans les forces de la nature, elle dit oui à la lumière dévastatrice du Temps* » (p. 89).

« *Hors de toute tombe : déployer cette ivresse, à la marge de la langue française* » (p. 88).

Il s'agit bien d'une ivresse et d'une musique qui, se superposant à la force dévastatrice de la passion et de l'extase visuelle du narrateur, vont marquer la narration.

Le texte présente d'entrée de jeu le cadre de représentation qui est placé sous le signe d'un regard enchanté. Celui-ci module la perception de l'Asile en rapport étroit avec les figures qui mettent en crise la mystique.

L'Asile est également présenté en mouvance et son architecture incrustée par le langage vacille pour accueillir l'Echanson, en tant que figure du discours amoureux :

« *L'Asile (architectures et formes humaines) semble aller à la rencontre de notre ange avec une liberté toute naturelle, c'est à dire irrésistible.*

Ce que nous voyons provient d'un enchantement cardinal de la Pierre, de son éclosion dans la démarche dansante d'un ange. En traversant la Pierre, la Beauté qui l'épouse – sous les regards des dieux – transforme le vide d'où jaillit tout édifice » (p. 20).

« *Plaisir ailé qui nous emporte, vers la lumière de l'Echanson, lumière autour de laquelle tourne l'Asile. Regardez notre Asile survoler la ville, comme il voltige admirablement ! Saisi par tant d'amour...* » (pp.51-52).

Il en ressort que l'Asile est une métaphore spatiale que nourrit la beauté de l'Echanson et la fulgurance de la sensibilité des mystiques. Ceux-ci semblent succomber à la tentation de la présence irrésistible de la figure angélique et cela entraîne immanquablement une transfiguration.

C'est la beauté présentifiée qui donne à l'Asile des dimensions proportionnées au désir passionnel et il paraît clair que l'espace ainsi construit « *devient agent de la fiction* »[64].

A partir de là, on voit que ce qui fonde la poétique de ce texte, c'est le chassé-croisé entre le langage et l'espace intérieur. La combinaison des deux procure l'illusion d'un espace extérieur qui constitue une extension des mots chargés de sensibilité et d'affect. Cette dialectique illustre la place de la poétique, ne fût-ce qu'à travers cette première désignation spatiale. Ainsi, le récit, de par sa facture poétique, représente « *une évolution qui va du voyage extérieur au voyage intérieur (...) à un voyage à travers ces espaces vacants que les mots suffisent à engendrer* ».[65]

C'est dans ce sens qu'il convient de comprendre l'errance et la féerie qui conditionnent le vécu des personnages.

De ce fait, « *le personnage est associé à l'espace par métonymie et le symbolise par métaphore* »[66], ce qui revient

---

[64] J. Y. Tadié, *op. cit.*, p. 49.
[65] J. Y. Tadié, *op.cit.*, p.66
[66] *Ibid.*, p. 77.

à dire que le personnage est dans un rapport de contiguïté avec l'espace entre les deux ; toute frontière s'efface. L'espace et le personnage se confondent et se conjuguent. Comme il s'agit, dans le texte, d'une quête initiatique liée à la Beauté et au divin, ce rapport institué entre le personnage et l'espace donne naissance à une fusion où l'objectivisme du monde est éliminé au profit d'une subjectivité que condense un dire poétique intense. Le discours se fait l'incidence d'un désir qui envahit l'objectif.

Par surcroît, le cadre de représentation en question est associé au vide et, par conséquent, il n'est pas déterminé en tant que coordonnées référentielles fixes à partir desquelles se développe le procès romanesque :

« *Tant autour des murs, et autour de son corps, court un équilibre parfait et double de colonnes et d'arcades, qui se croisent où le vide s'admire ébloui* » (p. 20).

Les formes du décor de l'Asile subissent elles aussi l'effet de la passion et tout se transmue en un espace que détermine une perception sensible et subjective. Les arcades, les colonnes et les murs se dégradent jusqu'à se réduire au néant.

De ce fait, l'espace devient un non-lieu et un atopos en relation avec l'instance poétique :

« *Un vent chaud traverse la cour happée par le ciel ouvert (...) l'errance du vent participe à notre féerie, isolant l'Asile sur une colline légère et presque empourprée par l'ardeur du soleil : buissons, euphorbes, rocs et plantes sauvages. De là la terre descend vers la vallée de la ville, où nous attendra Muthna, étendue sur le lit à baldaquin...* » (p. 20).

A la lumière de cet exemple, il devient certain que l'espace se mesure à l'aune de la quête amoureuse et que la transfiguration est due principalement à la prégnance d'une sensation qui porte à capturer l'objet de désir. Cela à partir de la contiguïté spatiale déterminée par le mouvement du désir et de la sensibilité.

L'intensité de l'extase des mystiques a pour conséquence le déplacement vers la ville où attend Muthna. Ce personnage étant la figure complémentaire de l'Echanson totalise le désir et l'amour passionnel qui court-circuite l'activité mystique des inconsolés.

C'est précisément autour de l'espace de la ville que s'ordonnent des questions relatives à l'origine, mais il s'agit d'une ville affranchie de toute fixation géographique.

C'est une ville ouverte sur un désert, les deux espaces se distinguent dans le texte par une indétermination référentielle du fait qu'ils sont liés d'un côté à la fulgurance d'une sensation entre le sujet collectif et les figures angéliques, et d'un autre côté ils sont une extension d'un dire poétique qui se dérobe à toute détermination et à toute fixation référentielle.

Ils sont ainsi un lieu vacant chargé de libérer la détresse du sujet collectif et des mystiques :

« *Ouvre le portail de la ville et avance devant nous (...) Et tu apparaîtras de nouveau ciel dans le ciel. La ville s'élance selon tes propres lois* » (p. 37).

Encore une fois, l'on prend conscience du primat de la quête amoureuse et de la figure qui est perçue comme étant la dimension majeure qui détermine une topographie propre à amplifier le désir, à donner à l'amour des proportions majeures et à le métaphoriser par cette intensité spatiale.

Encore faut-il préciser que cette ville connaît un vacillement et elle est sur le point de s'effondrer. L'on comprend par là le statut mobile et évanescent de l'espace comme extension d'un corps sublimé par un désir amoureux :

« *Oui, enfant inoubliable, maintiens la ville à l'horizon de ce récit, avant son écroulement dans ma seule mémoire. Ne vacille-t-elle pas depuis toujours sous la fougue des vents arides! N'est elle pas affolée par la lumière solaire!* » (p. 38)

Le récit intègre la ville en tant que signifiant revêtant un aspect discontinu. D'autant plus que l'instance poétique qui énonce le désir à travers cet espace est d'une fulgurance telle qu'elle est submergée par le mouvement d'un espace intérieur. Ainsi la discontinuité de la désignation spatiale est tributaire d'un passage insensible de l'espace intime à l'espace extérieur.

Ceci nous mène à faire remarquer le choix spatial fréquent tout an long du texte. Il est souvent question de l'espace situé entre ciel et terre, comme un atopos où s'exacerbe une sensibilité et se libèrent des questions.

Dès lors que la ville abrite la figure angélique, elle est soumise à des transfigurations intenses sous l'effet de la poésie et de l'enthousiasme qui revivifient les sensibilités ; la ville et le désert connaissent un état d'instabilité et d'extase. Ainsi s'estompe toute frontière entre le sujet et l'espace où il se meut. Celui-ci ne reste pas intact et constitue en fait « *une demeure extatique à l'âme errante* » :

« *La ville s'envole vers le ciel avec ses ailes azurées, un Androgyne s'élève du haut du minaret. Il marche vers l'union de la terre et du ciel (...) Voici que nous étreignons notre corps pour recueillir tout chant qui soulève le principe de la ville vers son équilibre enflammé : vacillement du désert et extase solaire* » (p.40).

Cet exemple montre avec flagrance la fusion du chant tourné vers l'instance lyrique et vers l'espace et révèle que les lieux en question sont purement imaginaires.

Dans ce sens, le récit dépasse toute contrainte rationnelle qui enferme les personnages dans un espace-temps fonctionnel référentiel et étroit. Par conséquent, dans ce texte, le rôle du chant poétique est de libérer l'être de ses déterminations psychologiques et spatio-temporelles.

C'est pour cette raison que la question de l'origine est rattachée à cette ville. Peu de faits nous sont donnés à son propos d'autant plus qu'il s'agit d'une quête des origines à partir d'un non-lieu.

La ville n'est qu'un départ pour déclencher la recherche et tenter de capturer « les racines prénatales » d'une existence collective.

Dans ce contexte, le conte est privilégié dans la mesure où il restitue une certaine origine.

Mieux encore, il est invoqué en tant que mode de représentation qui s'élabore loin du temps et de l'espace, et trouve sa justification dans l'élan d'une « *liberté spirituelle* » irriguée par l'enthousiasme de la pensée et de l'imaginaire.

Le conte du fondateur de la ville en question est rattaché à une ambiance noétique et s'établit, par voie de conséquence, un rapport étroit entre la recherche de l'origine de la ville et le travail imaginaire orienté par une inspiration poétique :

« *Tel est le conte qui m'a été inspiré par un soir de tempête alors que la mer venait vers moi, mais je ne donnerai pas ma main au feu pour en vérifier les fondements* » (p. 45).

Cette indifférence à l'égard de la véracité du conte est due au primat du travail poétique qui cherche moins l'appréhension d'un réel qu'un plaisir verbal et une libération d'une passion et d'une détresse :

« *Bien que ce vacillement soit empreint de douceur ineffable (je coule en moi et m'enterre lentement : j'écris), comment supporter cette extrême détresse ?* » (p. 46)

Il est à noter que ce vacillement spatial a pour corollaire l'effacement du temps et le lyrisme fait éclater toutes les barrières temporelles.

« *Nous nous sommes tournés vers le secret de l'Apparition alors que tu nous mènes irrésistiblement vers la Nuit du temps* » (p. 38)

« *À force de trébucher, les hommes marchaient maintenant à quatre pattes. Les voici rampant et broutant de l'herbe, secoués par des spasmes immémoriaux. Une force magique les lâche dans la Nuit du Temps* » (p. 43).

De ce fragment, on déduit que l'ordre des choses établi par la rencontre de l'objet de désir, l'enchantement lyrique et l'effusion pulsionnelle induit un ordre loin du temps et de l'espace. Aussi voit-on clairement que l'atopos est dépendant du pouvoir des signes et du langage qui orientent le récit « *là où les dieux, les morts et les amants inguérissables empreintent la trace de leur rapatriement* ».

L'expérience autour de laquelle s'articule le récit dans le L. S. se situe du côté de la mort, du divin et du surnaturel. L'écriture poétique est dirigée vers un au-delà indéterminé dont il est malaisé de reconstituer les signes constitutifs. La dissémination de ces signes doit être mise en rapport avec la force poétique qui débloque « *le ratio de la narration* ».[67]

Dans cet ordre d'idées, il est pertinent d'analyser le conte du Prince et du fou comme étant une tentative erratique et poétique de chanter la joie de la pensée dans un état d'ivresse déployée tous azimuts. L'Errance des deux au cœur du désert établit l'ampleur du lieu et l'infinitude du temps, d'autant plus que le carnaval déchaîné par le récit enchanté donne lieu à « *l'allégresse immémoriale* » ; c'est un carnaval qui rassemble tous les fidèles de l'Asile, qui assistent à la fête annuelle où il leur est possible de rencontrer d'autres confréries.

Ce qui est digne d'intérêt dans cette scène, c'est qu'elle est essentiellement tournée vers « *un souvenir inouï* » et vers un ordre qui déborde tout cadre temporel et toute circonscription spatiale :

« *Par amour du ciel, j'ai abandonné la terre (...) je me suis abandonné à la Nuit du Temps* » (p.94).

« *Ne vois-tu pas ces fous de Dieu appeler la Nuit du temps ?* » (p. 94)

Cette indétermination référentielle au niveau de l'espace-temps analysé jusqu'ici développe une pensée dans la proximité des êtres naturels et surnaturels, des dieux et de l'ivresse que provoque la beauté du monde. C'est pour

---

[67] H. Wahbi, « D'amour et de mort ou la parole inouïe dans Le Livre du sang de Khatibi », *op.cit.*

cela qu'on peut lire ce mouvement du carnaval vers le désert comme le chant de l'être et la célébration de « *la pensée débordante qui se donne à la fête, à la danse et à l'ivresse des larmes* » (p. 92).

En effet, cette scansion lyrique n'est bloquée par aucune entrave spatiale ou temporelle. Au contraire, ces éléments sont engagés dans un cheminement où l'errance de la pensée transfigure le temps et transmue l'espace en les adaptant ; ceci dit, « *le récit intègre l'espace à un niveau supérieur, celui de la préférence et celui de la référence* ».[68] C'est bien l'osmose entre le sujet et l'objet, entre le personnage et l'espace dans l'exaltation qui provoque une divagation poétique et une transformation de l'espace.

Il s'agit à propos de cet atopos d'un exercice constant d'une sensibilité que réfracte un dehors envahi par une densité subjective.

Ainsi le développement du récit dans le désert permet à l'instance poétique de se déployer dans cet espace en tant que forme extrême de non-lieu et en tant que lieu de l'écriture même.

C'est le langage qui essaie de construire l'univers imaginaire induit par une sensibilité et, par conséquent, les mots, en tant que matériau scriptural, sont déterminants à cet égard. Cela se justifie par l'abolition de l'espace au bout de l'expérience menée par l'écriture et les figures au terme du cheminement extatique :

« *Les murs, les colonnes, les vasques jadis ailés feront adieu aux mots qui les ont incrustés avec un plaisir irréparable* » (p.157).

---

[68] J. Y. Tadié, *op.cit.* p.144.

« *Ainsi s'effondre l'Asile dans son ultime étape mystique* » (p. 158).

Il devient donc clair que l'écriture est fondée essentiellement sur « *une esthétique des lieux, de la géopoétique* »[69]. Et c'est dans ce sens qu'il faut comprendre l'atopos d'autant plus que le divers paysager est consubstantiel à un territoire subjectif et un plaisir poétique. Les lieux imaginaires qui habitent le texte importent moins par leur dimension référentielle et objective que par leur fonds symbolique et poétique.

Les mots sont affectés d'un coefficient subjectif et, de ce fait, engagent tant les personnages que l'écriture dans un espace et dans un temps qui relèvent exclusivement de l'ordre imaginaire investi par une écriture poétique. Celle-ci est loin d'être fondée sur son immanence et sa clôture. Elle est mariée à une pensée qui est orchestrée tout au long du déroulement du récit. Dans ce sens, on relève dans le texte le recours à l'aphorisme comme garant du mariage d'une poétique et d'une pensée. Ce traitement spécifique de l'espace réduit à une forme de vision, montre que l'essentiel se situe dans le rapport à soi et à la détermination du savoir poétique. D'où justement le paradigme aphoristique qui insiste sur la force du regard, du jugement, de l'instance conceptuelle au détriment d'une prose épurée, descriptive et « monstrative ».

---

[69] H. Wahbi, « L'enfant océanique » in *Lectures dans la pensée de Khatibi*, Casablanca impri. Najah El jadida, 1991, p.148.

Deuxième chapitre
L'aphorisme ou la pensée en construction

Il appert que tout récit se développe et s'ordonnance selon des catégories qui le fondent. La chaîne narrative va dans un sens où le temps, l'espace, le personnage et l'action construisent un univers imaginaire qui rend possibles l'élaboration d'une vision du monde et l'organisation des valeurs qui régissent l'ordre du monde.

Il faut reconnaître, dans cette optique, que l'écriture fonctionne également comme un écran dans la mesure où elle met l'auteur-narrateur dans une position d'interrogateur.

Pour voir ce qu'il en est dans le L. S., il convient de rappeler qu'au fil du développement du processus narratif, le parcours du récit se conjugue à un parcours interrogatif qui fait du texte un réceptacle où se recueille un ensemble de paradigmes et un brassage de procédés narratifs, discursifs et poétiques.

La rationalité narrative est tempérée par un mouvement poétique qui met en avant une conscience et un ego interrogateurs. Dans ce sens, on relève dans le L.S. un recours à l'aphorisme choisi délibérément pour ponctuer le texte parallèlement à une écriture poétique d'une pensée.

L'aphorisme s'intègre dans une écriture fragmentaire qui est symptomatique de l'hétérogénéité du texte. Il met en évidence la pause et la rupture qu'opère le narrateur pour libérer des significations explicites. Si la maxime énonce une vérité générale et universelle, et répond à un besoin didactique par le biais d'une énonciation objective et impersonnelle, l'aphorisme fonctionne au contraire comme une énonciation subjective, marquée par l'affect et vise à présenter une définition beaucoup plus poétique et personnelle qu'objective. Il vise une démonstration en passant par des détours subjectifs.

L'aphorisme est donc une pratique textuelle qui confère au récit un caractère discontinu et fait coexister dans une construction d'ensemble l'objet de quête et le sujet qui projette sur cet objet ce qu'il ressent d'intime et d'impétueux.

L'intérêt et la récurrence de l'aphorisme comme définition poétique, dans le récit, manifestent la prégnance du désir qui tient derrière la quête et détermine la destinée des personnages à travers des situations romanesques.

Pour saisir le mode de fonctionnement de l'aphorisme dans le L. S., il est pertinent de préciser d'avance que le texte élimine la maxime comme énonciation impersonnelle et objective et fait fonctionner le paradigme du lyrisme qui favorise le développement d'une pensée. C'est dans ce sens qu'il convient de voir que l'aphorisme trouve sa justification dans la facture lyrique.

Notons ainsi que les définitions à caractère poétique sont livrées parallèlement à des situations qui les permettent. Ainsi voit-on, à titre d'exemple, l'attitude enchantée du narrateur collectif face à l'Echanson doté d'une nature angélique. C'est une situation qui permet, au bout d'une extase visuelle, de faire ressortir des significations empreintées des marques d'une subjectivité énonciatrice.

« *La beauté est une possession divine* » (p. 24).

Cet énoncé montre à quel point la présence de l'Echanson marque le sujet et comment sa nature marque le discours. D'autant plus que cette figure enchanteresse par « *son don surnaturel* » est assimilée au divin.

Cette impression se précise également lorsque le propos est centré sur la jalousie mortelle ressentie par le disciple face au maître et à l'Echanson. Il est dans une position exploitée par le narrateur qui nous le présente en termes conformes à son état :

« *La folie est une excroissance de la mort* » (p. 27).

« *L'âme n'a pas de lieu fixe, le cœur est un exil errant* » (p. 17).

L'errance des figures mystiques et leur attitude ensorcelée condensent un langage relatif à la passion et à la mort.

Cette chaîne associative nous est présentée dès l'*incipit* dans une formule justement aphoristique :

« *L'Aimé est toujours, pour l'Amant passionné, une pensée inouïe, précédée par la figure de la mort* » (p. 10).

C'est dans cet ordre d'idées que se trouve intégrée la passion qui est intimement liée à la Mort ; raison pour laquelle les définitions avancées, concernant le Disciple fou, mettent en lumière cet état auquel conduit la passion. De même, la présence de l'Echanson a profondément marqué les mystiques. En effet, le Maître étant de retour, il se met à définir la Beauté, le paradis, le rêve, autant de notions qui concernent tant le Maître que les autres personnages.

« *La pensée du visage est tournée vers la beauté du visible* » (p. 31).

« *La beauté est un reflet du paradis, et le paradis une nostalgie de ton être perdu* » (p. 31).

« *L'éveil à l'être chante l'aimé. Et l'aimé est double, ainsi qu'une différence intraitable* » (p.32).

« *Le caché n'est pas le contraire du manifeste ni la nuit du jour (...) le jour est un état extrême, la nuit en est un autre dans l'itinérance de l'Amant* » (p. 32).

Ces aphorismes montrent d'autant mieux un état d'âme exalté que l'Echanson présent parmi les Inconsolés possède des qualités qui amènent à ces déclarations. Il s'agit bien d'un être paradisiaque qui fait vivre aux mystiques l'expérience de la différence. C'est aussi une figure qui présentifie le « caché », l'invisible ; le jour et la nuit, en tant que deux extrêmes, sont l'illustration parabolique de l'état de choses vécu par les figures. Ainsi, on se rend clairement compte que ce qui est condensé dans l'aphorisme est bien l'effet exercé par la passion et la présence intense de l'Echanson. Cet être irréel représente la beauté exagérément définie :

« *C'est l'irréalité qui rend visible et palpable la beauté du réel* » (p. 52).

Comme cette irréalité déclenche une passion effrénée par les figures de l'Asile, elle est reliée à un espace où se célèbre cet attachement hors du commun, d'autant plus qu'il s'agit d'un corps aérien et d'une apparition subtile :

« *Le Désert est pour l'amoureux le médian suprême de la passion ; il partage l'orient et l'occident de l'être aimé, sacrifiant l'un en l'autre selon un partage solaire* » (p. 58).

« *La passion est toujours une résurrection de celui qui brille dans la mort* » (p. 40).

« La musique donne une demeure extatique à l'âme errante au-dessus des tombeaux ouverts » (p. 40).

Ces exemples regroupent la musique, la passion et le désert comme trois éléments qui président à une situation on ne peut plus poétique. Ceci parce que c'est autour de l'objet de désir que se polarise le récit et que sa présence n'est pas sans incidence sur les personnages et l'espace où ils sont placés.

« La poésie n'est-elle pas le chant d'un dieu qui souffre ? Et il faut bien appeler dieu la pensée qui précède la parole naissante de l'homme » (p. 40).

Cette définition particulière donnée à propos de la poésie et des dieux n'est pas sans révéler la situation particulière où elle est énoncée.

Certes, la Beauté est assimilée au divin, mais ce qui est digne d'intérêt dans cette définition c'est le primat accordé à la poésie comme l'unique mode verbal susceptible de chanter la présence passionnante d'un ange parmi les Orants mystiques.

Ainsi tout principe investi dans l'écriture prend une définition poétique en rapport étroit avec la situation romanesque.

Quand il s'agit du Mythe et de l'Androgyne, le narrateur les définit d'abord pour mettre en exergue l'usage particulier auquel ils sont destinés dans le texte :

« Le Mythe est, en son essence, la parole de l'unité inépuisable du cosmos » (p.42).

« J'appelle Androgyne ce contour extatique de l'être, apparence dans l'apparence de l'homme et de la femme en

un effacement infini. Oui, l'Androgyne est éternellement le fiancé de toutes les femmes et la fiancée de tous les hommes » (p. 52).

« *On peut dire de l'Androgyne qu'il est la dépouille d'un corps angélique, abandonné sur terre par les dieux antiques* » (p : 65).

Il est clair que la présentation ainsi faite du mythe comme mode de représentation et de l'Androgyne comme un fonds symbolique est en rapport avec une écriture poétique et un travail littéraire. Dans le même sens, quand il s'agit dans le texte de la ville vers laquelle se déplace la quête, le narrateur prend conscience de la nécessité de présenter les supports de cette recherche et des modes d'exposition d'un récit :

« *Sur la fondation de la ville, l'histoire nous fournit peu de faits, alors que la légende étonne par sa belle et terrible division* » (p. 42).

Ce manque de faits référentiels relatifs à la ville mène à chercher des moyens dignes de présenter les faits nécessaires se rapportant au lieu en question. C'est à ce niveau que le narrateur définit respectivement la légende, le Mythe et le conte :

« *La légende est ce jeu de simulacre qui dérobe, dans l'enchantement, les lois de son élaboration magique. Elle place l'origine là où elle lui trouve abri, dans l'air, la terre, le feu, le ciel, dans la demeure des êtres naturels et surnaturels, dans toute matière transfigurée, partout où il y a trace d'être qui advient à la lumière du Mythe. Le Mythe est, en son essence, la parabole de l'unité inépuisable du cosmos* » (p. 42).

« *Seul le conte émerveillé du peuple nous livrera – pour son propre plaisir – le secret fondateur de la ville, le conte n'est-il pas, pour la parole naissante de l'homme, son beau secret ! Par sa liberté spirituelle, par sa malice et son audace insensée, n'irrigue-t-il pas l'enthousiasme de la pensée et de l'imaginaire ?* » (p. 42).

Il s'ensuit que le privilège accordé au conte au profit de la légende et du Mythe dans le texte montre clairement l'émergence d'une conscience réflexive et une instance poétique qui traitent les modes d'exposition à la fois en rapport avec ce qu'ils véhiculent et transmettent, et avec la subjectivité qui les sous-tend.

Dire que le conte fertilise le travail imaginaire et la pensée, cela sous-entend que son exploitation est avant tout poétique du moment qu'il procure un plaisir et déclenche l'enthousiasme de la pensée par le déploiement des faits enracinés dans l'imaginaire collectif.

Cela montre que les définitions poétiques sont présentées aussi bien au niveau des moyens développés pour propulser le récit vers sa fin, que des situations où les personnages entretiennent des rapports entre eux. Mais il reste que les aphorismes s'articulent autour de ces moments d'arrêt que rend possible le développement d'une pensée par le truchement d'une poétique. Et ceci est à relier au pouvoir dévastateur de la passion définie comme « *une sépulture errante d'une mort séparée d'elle même* » (p. 65).

C'est précisément cette passion qui détermine le jeu relationnel des personnages. Ainsi de la passion « *sororale* » et de l'attachement incestueux de Muthna et de l'Echanson. C'est un instant pendant lequel l'inceste nous est défini :

« *L'inceste est un rite extatique de la mort, et toute malédiction s'y irradie* » (p. 31).

Si cet acte représente la passion dans ce qu'elle a de maléfique et condense une pensée autour du même, c'est que le texte est mû principalement par la volonté de célébrer un dérèglement sensuel, dans une atmosphère où les antagonismes sont confondus à travers « *la pensée funèbre du miroir (limite inouïe du Même), impliquée dans l'inceste* » (p. 116).

De fait, ce sont des déclarations fondées sur une poétique qui sourd du corps androgyne. Celui-ci figure « *la Beauté qui va au devant des événements sanglants qu'elle provoque* ».

L'inceste est ainsi considéré comme un état extrême du rapport amoureux et constitue un prétexte à des définitions aphoristiques :

« *L'Androgyne incarne le désir fou de deux beaux monstres* » (p.118).

Donner au désir des proportions pareilles et aux deux parties complémentaires de l'Androgyne une nature monstrueuse ne va pas sans préciser l'originalité de la quête amoureuse engagée au fil du récit. Les définitions avancées comme éclats de pensée éclairent des faits déterminant le devenir romanesque des personnages.

En effet, ces définitions fonctionnent comme un bruissement initial qui sourd d'un état de choses :

« *Quand on fait l'amour avec son frère ou avec sa sœur, on ne demande pas la bénédiction aux dieux jaloux, cet acte sans loi a la force d'un meurtre qui renaît de sa propre infamie* » (pp. 118-119).

L'inceste continue à faire l'objet des déclarations de principe détachées des personnages, pour énoncer une vérité extensible à tous les êtres amoureux. Mais ceci a également pour visée d'accentuer le caractère illimité et effréné du désir.

Dans ce sens, il faut noter que l'auteur-narrateur, quand il se détache d'une situation donnée, c'est pour la célébrer et la rattacher intimement à une subjectivité impliquée dans le devenir romanesque.

Il est également à signaler qu'à chaque situation se conjugue une prolifération thématique qui donne naissance à des structures aphoristiques comme énonciation subjective dans le discours. Ainsi de la question du Mal au moment où Muthna se trouve des positions antinomiques et dissout les paradoxes du double.

Figurant le prototype du Mal, cette beauté rattachée au corps angélique libère le Mal dans l'ordre du Bien. L'Echanson et Muthna dans leur attachement incestueux résorbent toutes les valeurs de nature à peser sur cette relation.

Par surcroît, dès lors que la beauté est reliée au Mal, elle revêt une ambivalence déterminée par l'androgyne :

« *Au Mal s'ajoute un principe plus élevé précédant la souveraineté sur les êtres que tu vomis de ton sexe, c'est le principe de l'Androgyne qui unifie le vide irradié, les dieux et les hommes, les anges et les démons, le ciel et la terre* » (p.148).

Il est clair que l'association de la beauté au Mal est tributaire de la visée de l'insertion littéraire de l'Androgyne. Ce mythe, comme nous l'avons souligné ailleurs, est exploité pour déclencher une réflexion sur une série de valeurs qui régissent l'existence humaine et l'ordre du monde. Ainsi de la figure de Muthna et sa position d'initiatrice entre Yaqout et Schéhérazade. Il s'agit de l'initiation à l'épreuve du Mal impliquée dans l'inceste :

« *Le Mal est l'ivresse d'un souvenir initial qui nous a irrémédiablement transfigurés et défigurés* » (p. 117)

« *Le Mal est une pensée angélique* » (p. 117).

La notion est définie par rapport à l'attitude subversive de Muthna et du corps double en général. D'autant plus que la transfiguration opérée par ce corps, entraîne une crise au sein de l'Asile, et la présence maléfique de l'Echanson et de Muthna a ceci de particulier qu'elle met en crise la foi mystique et la rigueur de l'adoration. Autrement dit, le Mal est accueilli pour faire bon ménage avec le Bien. Encore mieux, leur présence bat en brèche toute détermination systématique et par conséquent, aucun hiatus ne subsiste entre les deux valeurs qui sont perçues dans un cadre homogène :

« *La Beauté, infiniment belle, infiniment dévastatrice, n'est-elle pas la clarté du Mal ?* » (p. 117-118)

La beauté ainsi définie est tournée vers l'acte incestueux qui cristallise des forces et relève du divin pour mettre en place une certaine pensée :

« *La beauté est une extraordinaire renaissance : ne s'envole-t-elle pas des mains de Dieu pour éclairer le visage de la pensée !* ».

Ce qui intéresse dans ce réseau de définitions c'est le lien substantiel qu'elles entretiennent avec la facture générale du récit poétique.

D'autre part, l'imprévisibilité de l'aphorisme exploité dans le parti pris explicatif trouve sa justification dans l'espace particulier de l'énoncé. Celui-ci n'est pas conforme aux principes préétablis et à ce qui est commun et général. Il est émis principalement pour contenir une sensibilité et pour s'accommoder d'un dehors et l'intégrer au double impératif de la sensation et de la pensée.

Dans ce sens, après l'anéantissement de « l'Asile des Inconsolés » et la mise à mort de tous les personnages, le récit est tourné vers l'au-delà, vers la mort ; ce qui donne au narrateur une occasion pour avancer des explications ayant trait à l'état de choses subi par les personnages :

« L'Au-delà est l'infinie distance des morts et des vivants, il est une surexistence du corps et de l'esprit se rejoignant et s'annulant.

L'au-delà ! Étape suprême de l'extase qui fait vaciller la pensée aux limites de son anéantissement.

L'au-delà n'est pas séparable de la vie des terrestres ». (p. 158).

Il s'avère donc que les définitions aphoristiques sont exploitées dans le texte, précisément en raison de sa facture poétique, de la célébration d'une pensée et de l'émergence d'une conscience qui oriente le récit. Ceci montre la pertinence du didactisme tout au long du récit, d'autant plus que ces définitions permettent de construire une pensée concomitante au dépliement du procès narratif. Elles apparaissent justement à un moment précis pour transmuer le réel vécu en une pensée et exploiter le résidu factuel et le convertir en une pensée en construction.

Conclusion

Au terme de ce travail, on est en droit de se demander ce qu'est la sensibilité pensante et quels sont les éléments définitoires de cette stratégie d'écriture dans le L. S. de Khatibi.

Il s'avère que la sensibilité et la sensation sont deux paradigmes fonctionnels qui fondent l'acte littéraire. Elles déterminent le déploiement d'une écriture qui se développe à partir d'un trop-plein émotionnel et d'une expérience sensible qui propulsent le récit vers son terme final. La primauté de cette expérience dépend de l'émergence d'un sujet lyrique qui condense un langage poétique ; ce dernier cristallise le mouvement d'une sensibilité et d'un désir qui concentrent les forces du pathos. Ces éléments donnent de l'ampleur au moi lyrique et lui permettent de s'accommoder du sensible et des représentations symboliques élaborées en fonction de l'objet de quête et de désir. Cette sensibilité se recueille par l'intermédiaire de la conscience de soi qui est un acte initial dont dépend le déroulement de la pensée.

Ainsi, parallèlement au développement des aspects d'une subjectivité, se donne à lire une pensée. En fait, il est question de l'investissement du langage tendu vers la délivrance d'un message et d'une signification explicite et vers le dévoilement d'un « ego expérimental ». Il s'agit de voir le type de rapport entre la fiction et la pensée. Il est certain que sous le couvert d'un récit fictionnel, il y a la volonté de déceler les schèmes selon lesquels s'organisent les différentes expériences de l'homme et de mobiliser sur le fond d'un récit les forces rationnelles et irrationnelles pour mener le sujet au bout de lui-même. Dans ce sens se dégage l'indissociabilité de la fiction et de la pensée et s'imposent pour toute l'écriture romanesque la force de représentation et les procédures d'exposition.

S'agissant du L. S., il est évident que, par sa facture poétique et sa forme lyrique qui chapeautent tout le récit, l'écriture s'engage dans un itinéraire où il est possible d'exprimer profondément la force du pathos qui conditionne le sujet collectif au sein d'un espace mystique. L'amour des personnages est directement lié à leur mort. Le lyrisme des éléments et la poétique du regard favorisent le chant et rendent possible l'émancipation des pulsions qui gèrent le jeu relationnel des différentes figures du récit. La multitude des voix narratives et le jeu de miroirs reflètent des expériences sensibles extrêmes.

L'écriture est dotée d'une force telle que la fin de l'arrière-plan narratif et de la fiction mystique ne coïncide pas avec la fin du récit. Le langage subsiste et mène le texte jusqu'à son terme. Le narrateur subit le même sort que les autres figures.

A côté de cette expérience lyrique et sa pandémie subjective, il faut signaler le didactisme qui fonctionne parallèlement à la narration. En effet, la fiction mystique et le corps androgyne sont retenus à des fins démonstratives. Tout au long du récit, l'écriture est mue par la nécessité de répondre à des questions relatives à des valeurs qui régissent l'ordre du monde. Ce paradigme didactique développe une pensée structurelle, subtile et consubstantielle au contenu fictionnel du récit.

L'Androgyne et le corps angélique fonctionnent effectivement dans le texte comme des exemples limites qui figurent un passage de frontière entre le possible et l'impossible, l'intelligible et le virtuel. Il n'en demeure pas moins que la poétique occupe une place de choix dans l'œuvre et que l'orientation principale du récit est déterminée par la prégnance des pulsions qui régissent le rapport des Orants mystiques au corps double accueilli dans l'Asile. De ce fait, le texte n'a rien d'un code représentatif de la narration. Tout est tributaire d'un désir subjectif et le dehors n'est pas indépendant d'une passion mise en discours.

Pour cela, l'espace dans le L.S. est un atopos et un non-lieu, du moment que tout est évanescent et obéit aux lois d'un désir passionnel. L'architecture de l'asile est transfigurée par la Beauté et l'intensité corporelle que figurent l'Echanson et Muthna. La ville et la taverne ne sont évoquées que corrélativement au déplacement des personnages mus par leurs désirs.

L'indétermination référentielle de ces espaces accentue la force d'une poétique qui tourne l'écriture vers une esthétique des lieux et vers des territoires subjectifs. D'autant plus que les mots sont chargés d'un coefficient subjectif qui leur confère un rôle primordial et une force de survivre à l'anecdote référentielle et à l'ancrage narratif.

Pour développer un savoir inhérent à cette poétique on relève la pertinence du paradigme aphoristique comme définition de type poétique.

Parallèlement à des situations romanesques précises sont définis l'Androgyne, le Mal, la Beauté, l'amour, la mort en rapport avec une sensibilité exaltée. De ce fait, l'écriture se développe comme une scansion lyrique d'une pensée et un chant enthousiaste de l'intelligibilité du monde.

Ceci dit, le présent travail ne prétend pas avoir appréhendé le sujet dans sa totalité, il n'est qu'une esquisse et en fait tout reste à faire, car les questions abordées n'ont pu qu'être formées, formulées au cours de la lecture. Il reste à en faire des concepts d'analyse.

Bibliographie

I-Œuvre d'analyse :

-Khatibi, A., Le Livre du sang, Paris, Gallimard, 1979.

II- Ouvrages critiques

- Barthes, R., *Leçon*, Paris Seuil, 1978.
- Ben Jelloun, Tahar, *La Mémoire future*, Paris, Maspéro, 1976.
- Blanchot M., Le livre à venir, Paris, Gallimard, coll. Idées, 1959.
- Bonnefoy Y., Dictionnaire des mythologies, T.I, Flammarion, 1981.
- De Certeau, Michel, *La fable mystique*, Gallimard, 1982.
- Gontard, Marc, *La Violence du texte*, Paris, l'Harmattan, 1981.
- Greimas, Algirdas, Julien, *De l'imperfection*, Pierre Fanlec, Périgueux, 1987.
- Khatibi, Abdelkébir, *Le Lutteur de classe à la manière taoïste*, Paris, Sindad, 1977.
- Kundera Milan, *L'Art du roman*, Paris, Gallirnard, 1986.
- Mouzouni Lahcen, *Le roman marocain de langue française*, Paris, PUBLISUD, 1987.
- Parret Herman, *les Passions*, Pierre MARDAGA, Bruxelles, 1986.
- Pelletier, A. M., *Fonctions poétiques*, Klincksieck, 1977.

- Poulet, Georges, *Entre Moi et Moi*, Paris, José corti, 1977.

- Richard, J. P., *Littérature et sensation*, Paris, Seuil, 1954.

-Riffaterre, Hermine B, *L'orphisme dans la poésie romantique*, Paris, éd. Nizet, 1970.

-Suleiman, Suzan Ruban, *Le Roman à thèse ou l'autorité fictive*, P.U.F., 1983.

- Tadié, Jean Yves, *Le récit poétique*, Paris, PUF, 1978.

-Todorov, Tzvetan, *Le principe dialogique*, Seuil, 1981.

III- Articles de revues :

-Bouraoui Hédi, « Stratégie d'écriture dans l'univers de Khatibi », ALASAS, n° 2, Juin, 1980.

- De Certeau, Michel, « histoire de corps » in Esprit n° 2, 1982.

- De Certeau, Michel, « le parler angélique » in *La linguistique fantastique*, Denoël, 1985.

- Diouri.A., « la Transe du même », Alasas, n° 60, Mai, 1989.

- Gans Eric, « naissance du Moi lyrique » in *Poétique*, n° 46, Avril, 1981.

- Glucksmann. Ch. B., « Fitna ou la différence intraitable de l'amour », in *Imaginaires de l'autre*, paris, L'Harmattan, 1987.

- Jambet, Christian, « philosophie angélique », *L'Herne*, n° 39, 1981.

- Khatibi. A., « Abdelkébir Khatibi, un orfèvre de l'écriture », entretien, *le Libéral*, n° 26, Avril, 1990,

- « Pour une véritable pensée de la différence » entretien avec Zakya Daoud, Lamalif, n° 85, Janvier, 1977.

- Starobinski Jean, « le style de l'autobiographie », Poétique n° 3, 1970.

- Wahbi, Hassan, « D'amour et de mort ou la parole inouïe dans *le Livre du sang* de Khatibi », in *Langues et littératures,* volume XII, faculté des lettres de Rabat, *1994.*

- « L'enfant océanique » in *Lectures dans la pensée de Khatibi*, Eljadida, Najah, 1991.

- « Le corps double » in *Abdelkébir Khatibi*, Rabat, OKAD, 1970.

Table des matières

Préface 9
Introduction générale 13

Première partie :
La littérature entre la sensibilité et la pensée

1er chapitre : L'écriture et la sensation................ 19
2ème chapitre : La fiction et la pensée................. 29

Deuxième partie :
Les paradigmes de l'écriture dans *Le Livre du sang*

1er chapitre : *Le Livre du sang* : récit protéiforme............. 41
2ème chapitre : La narration et le didactisme....................... 68

Troisième partie :
La poétique et la pensée

1er chapitre : L'atopos et le primat de la poétique............. 99
2ème chapitre : L'aphorisme ou la pensée en construction 113

Conclusion... 125

CRITIQUE ET ÉTUDES LITTÉRAIRES
AUX ÉDITIONS L'HARMATTAN

Dernières parutions

L'EAU ET LA TERRE DANS L'UNIVERS ROMANESQUE DE CLAUDE SIMON
L'obsession élémentaire
Kotowska Joanna
La fascination humaine pour les quatre éléments de la nature remonte aux temps des premières intuitions scientifiques. Claude Simon, un «alchimiste des mots» contemporain, nous propose un regard original sur deux puissances élémentaires qui structurent son univers romanesque : l'aquatique et le tellurique. Ce jeu incessant entre l'existence et le néant substantiel invite le lecteur à (re)découvrir le potentiel émotionnel émanant de l'eau et de la terre chez Claude Simon.
(Coll. Espaces Littéraires, 25.50 euros, 256 p.)
ISBN : 978-2-343-13075-0, ISBN EBOOK : 978-2-14-005253-8

LES ÉCRITURES DE LA FAIM
Éléments pour une ontologie de la faim
Lucereau Jérôme
Comment aborder les problématiques de la faim dans les littératures ? L'auteur cerne de façon synthétique les principales topiques de la faim, puis il différencie et définit les concepts de faim et d'affamé. Enfin il s'efforce d'élaborer un mythe de la faim en puisant les mythes fondateurs sans éviter les assises dogmatiques et religieuses (de la faim et du jeûne) et les problématiques pathologiques (anorexie/boulimie), ni le rapport au Pouvoir. Une ontologie de la faim pourrait modifier considérablement le paradigme contemporain de la faim dans le monde.
(Coll. Critiques Littéraires, 35.00 euros, 404 p.)
ISBN : 978-2-343-13373-7, ISBN EBOOK : 978-2-14-005397-9

ÉTUDES SUR LE THÉÂTRE D'A. CÉSAIRE, A. CAMUS ET B. ZADI ZAOUROU
Soro Aboudou N'golo
Ce livre décrypte les théâtres d'Albert Camus, d'Aimé Césaire et de Bernard Zadi Zaourou en révélant les effets tragiques en relation avec les implications sociales. Le premier axe de recherche montre comment l'espace dramatique dans *Une tempête* d'Aimé Césaire traduit les tensions sociales qu'il y représente. Le second axe de réflexion porte sur le personnage dramatique chez Albert Camus et Bernard Zadi Zaourou.
(Coll. Harmattan Côte-d'Ivoire, 16.50 euros, 154 p.)
ISBN : 978-2-343-13230-3, ISBN EBOOK : 978-2-14-005269-9

COMMUNICATIONS ET ANALYSE DES RELATIONS INTERPERSONNELLES DE LA FEMME DANS LE ROMAN AFRICAIN FRANCOPHONE
Mfoumou Marie Zoé
Cet ouvrage prend appui sur une sélection d'une vingtaine de romans africains francophones écrits entre 1881 et 2003. De leur analyse émergent deux figures de la femme africaine : celle qui sait communiquer et qui entretient des relations harmonieuses avec son entourage - assimilée à une «bonne» femme - et celle rejetée, considérée comme une «mauvaise» femme et avec qui les relations sont antagoniques. Il passe également en revue les critères d'appréciation de la femme en Afrique, au fur et à mesure de la modernisation de ce continent.
(Coll. Logiques sociales, 27.00 euros, 258 p.)
ISBN : 978-2-343-13138-2, ISBN EBOOK : 978-2-14-005400-6

LES PALIKARES GRECS ET LEURS AVATARS
Breuillot Martine, Debaisieux Renée-Paule, Terrades Marc
Ce sont ces figures grecques du palikare que présente cet ouvrage : d'abord le klephte (ce bandit des grands chemins), ayant pris les traits d'un vaillant guerrier, encensé par les écrivains, ensuite le personnage plein de bravoure, pour terminer sur la figure parodique du palikare-polisson, qui ne rappelle plus que de loin ses ancêtres glorieux. La gloire se transporte du côté des pitreries et du jeu, un jeu qui garde toutefois, en arrière-plan, la notion de défense de la patrie.
(Coll. Études grecques, 14.00 euros, 120 p.)
ISBN : 978-2-343-13544-1, ISBN EBOOK : 978-2-14-005344-3

PROCESSUS DE LA CATÉGORISATION EN LINGUISTIQUE
Nishimura Takuya - Préface de Frank Alvarez-Pereyre
Les sept textes de cet ouvrage présentent quelques réflexions sur la question de la catégorisation linguistique. Il s'agit d'études sur l'état d'un élément qui n'a pas d'appartenance absolue à une catégorie donnée ; cette ambiguïté de relation entre un élément et sa catégorie se situe sur des processus de la catégorisation. Dans ce cadre, on analyse des faits représentatifs de plusieurs langues telles que le japonais, le turc, le vietnamien, le hongrois, l'aïnou, le pomo, etc., sans oublier le français.
(Coll. Langue et parole - Recherches en Sc. du Langage, 23.50 euros, 232 p.)
ISBN : 978-2-343-12943-3, ISBN EBOOK : 978-2-14-005343-6

SOCIOLINGUISTIQUE URBAINE, SOCIOLINGUISTIQUE D'INTERVENTION : APPORTS ET INNOVATIONS
Hommage scientifique à Thierry Bulot
Dirigé par Gudrun Ledegen
À la suite de la Journée d'hommage scientifique à Thierry Bulot, ses collègues et étudiants présentent ici différentes facettes de ses recherches en sociolinguistique urbaine et prioritaire, en éclairant les enjeux et apports de cette nouvelle école sociolinguistique, son inscription sur les terrains africain, algérien, vietnamien, guernesiais, marocain, ainsi qu'avec la méthodologie de la documentarisation. Tou.te.s viennent exemplifier cette approche fructueuse et toujours engagée.
(Coll. Espaces discursifs, 20.00 euros, 188 p.)
ISBN : 978-2-343-13485-7, ISBN EBOOK : 978-2-14-005309-2

L'ÉSOTÉRISME D'EDGAR POE
Joguin Odile
Tardivement reconnu par la critique de son pays qui l'a vilipendé au lendemain de sa mort, épris de Beauté et d'Unité, Poe s'est interrogé passionnément sur les mystères de l'univers et de l'au-delà. Lui, dont la visée artistique était «l'ordre métaphysique», s'est en particulier tourné vers le réservoir d'images et de symboles que lui ont offert les différents ésotérismes (franc-maçonnerie, arcanes du Tarot, alchimie, arithmosophie...). L'étude est consacrée à explorer cette piste encore peu empruntée.
(32.00 euros, 322 p.)
ISBN : 978-2-343-13385-0, ISBN EBOOK : 978-2-14-005137-1

LE DÉCHIFFREMENT DU MONDE
La gnose poétique d'Ernst Jünger
D'Algange Luc-Olivier
L'œuvre d'Ernst Jünger ne se réduit pas à ses récits et journaux de guerre. C'est une méditation originale sur le Temps, les dieux, les songes et symboles. Elle mène de l'art de l'interprétation au rapport des hommes au végétal et à la pierre, elle est aussi une rébellion contre l'uniformisation, incarnée dans la liberté supérieure de l'Anarque envers tous les totalitarismes. Cet ouvrage qui met en regard la pensée de Jünger et celles de ses maîtres, de Novalis à Heidegger, entend rendre compte de son dessein poétique et gnostique. Il donne à voir le monde visible comme l'empreinte d'un sceau invisible.
(Coll. Théôria, 18.00 euros, 166 p.)
ISBN : 978-2-343-13346-1, ISBN EBOOK : 978-2-14-005021-3

QUEL OISEAU-MOUCHE TE PIQUE ?
L'éclosion d'une compagnie théâtrale atypique
Hervez-Luc - Préface de Laure Adler
Voici le récit de l'itinéraire atypique de Luc Vandewèghe dit Hervez-Luc. Histoire d'une vie qui aboutit à la création d'une compagnie théâtrale non moins singulière *Quel oiseau-mouche te pique ?* Dans un langage teinté de poésie, Hervez-Luc retrace les étapes de sa vie depuis son enfance jusqu'aux premiers pas professionnels de la compagnie théâtrale qui a pignon sur rue aujourd'hui à Roubaix et qui sillonne la France entière et de nombreux pays à l'étranger.
(14.00 euros, 126 p.)
ISBN : 978-2-343-13190-0, ISBN EBOOK : 978-2-14-004979-8

LES REDONDANCES PRÉDICATIVES EN FRANÇAIS PARLÉ
Depoux Philippe
Français parlé, redondance, prédication, télévision : quels liens unissent ces termes qui semblent avoir bien peu de propriétés en commun ? En mettant en relation milieux sociaux, époques d'enregistrement et types de reformulation, cet ouvrage tente d'expliquer l'usage préférentiel de tel ou tel type de redondance par telle ou telle catégorie de locuteurs.
(Coll. Langue et parole - Recherches en Sciences du Langage, 30.00 euros, 292 p.)
ISBN : 978-2-343-13301-0, ISBN EBOOK : 978-2-14-005188-3

ANDRÉ MALRAUX OU LES MÉTAMORPHOSES DE SATURNE
Lantonnet Évelyne - Préface de Brian Thompson
Peu d'études critiques ont accordé une place au mythe dans la pensée de Malraux. Autodidacte, ce dernier est allé au-devant de la culture ; il n'a pas été formé par l'institution. D'Antigone à Prométhée, quelques figures fascinent Malraux. Cependant, Saturne est la seule instance mythique, qui domine tout un livre. Saturne : un mythe personnel ? Il interpelle d'abord Malraux en tant que penseur. Celui-ci voit en ce monstre dévorateur une parabole de la condition humaine. Mais Saturne l'interroge aussi en tant qu'esthéticien. Il semblerait que Malraux ait inventé les métamorphoses de Saturne.
(Coll. Espaces Littéraires, 30.00 euros, 290 p.)
ISBN : 978-2-343-13112-2, ISBN EBOOK : 978-2-14-005078-7

INITIATION À LA LINGUISTIQUE DIACHRONIQUE DE LA LANGUE FRANÇAISE
Diedhiou Fidèle
Cet ouvrage poursuit un double objectif, à la fois théorique et pratique. Il présente pour chaque chapitre une définition des notions essentielles, avec éventuellement des remarques complémentaires. Sur le plan pratique, il fournit pour chaque cas étudié une fiche retraçant l'histoire phonétique de mots-types du latin au français moderne. Il comprend 15 chapitres permettant de replacer chaque phénomène dans le cadre de son évolution complète, accompagnés de nombreux exercices d'application.
(Harmattan Sénégal, 21.50 euros, 219 p.)
ISBN : 978-2-343-12898-6, ISBN EBOOK : 978-2-14-005084-8

PAROLES, PAROLES ! POUR QUOI PARLONS-NOUS ?
Essai
Bourse Michel
Qu'est-ce qui est mis en œuvre dans l'acte de parler ? Dans la parole adressée à autrui se joue en fait une relation spécifique, au travers de laquelle tout individu se structure. Celle-ci devient alors l'instrument essentiel d'une intersubjectivité possible, c'est-à-dire d'une relation créatrice qui nous constitue comme sujet dans notre relation à l'autre. Parler aurait donc une fonction véritablement politique : s'y joue en définitive le rapport de chacun d'entre nous au monde.
(Coll. Langue et parole - Recherches en Sciences du Langage, 27.00 euros, 262 p.)
ISBN : 978-2-343-13219-8, ISBN EBOOK : 978-2-14-004955-2

Structures éditoriales du groupe L'Harmattan

L'Harmattan Italie
Via degli Artisti, 15
10124 Torino
harmattan.italia@gmail.com

L'Harmattan Hongrie
Kossuth l. u. 14-16.
1053 Budapest
harmattan@harmattan.hu

L'Harmattan Sénégal
10 VDN en face Mermoz
BP 45034 Dakar-Fann
senharmattan@gmail.com

L'Harmattan Mali
Sirakoro-Meguetana V31
Bamako
syllaka@yahoo.fr

L'Harmattan Cameroun
TSINGA/FECAFOOT
BP 11486 Yaoundé
inkoukam@gmail.com

L'Harmattan Togo
Djidjole – Lomé
Maison Amela
face EPP BATOME
ddamela@aol.com

L'Harmattan Burkina Faso
Achille Somé – tengnule@hotmail.fr

L'Harmattan Guinée
Almamya, rue KA 028 OKB Agency
BP 3470 Conakry
harmattanguinee@yahoo.fr

L'Harmattan Côte d'Ivoire
Résidence Karl – Cité des Arts
Abidjan-Cocody
03 BP 1588 Abidjan
espace_harmattan.ci@hotmail.fr

L'Harmattan RDC
185, avenue Nyangwe
Commune de Lingwala – Kinshasa
matangilamusadila@yahoo.fr

L'Harmattan Algérie
22, rue Moulay-Mohamed
31000 Oran
info2@harmattan-algerie.com

L'Harmattan Congo
67, boulevard Denis-Sassou-N'Guesso
BP 2874 Brazzaville
harmattan.congo@yahoo.fr

L'Harmattan Maroc
5, rue Ferrane-Kouicha, Talaâ-Elkbira
Chrableyine, Fès-Médine
30000 Fès
harmattan.maroc@gmail.com

Nos librairies en France

Librairie internationale
16, rue des Écoles – 75005 Paris
librairie.internationale@harmattan.fr
01 40 46 79 11
www.librairieharmattan.com

Lib. sciences humaines & histoire
21, rue des Écoles – 75005 Paris
librairie.sh@harmattan.fr
01 46 34 13 71
www.librairieharmattansh.com

Librairie l'Espace Harmattan
21 bis, rue des Écoles – 75005 Paris
librairie.espace@harmattan.fr
01 43 29 49 42

Lib. Méditerranée & Moyen-Orient
7, rue des Carmes – 75005 Paris
librairie.mediterranee@harmattan.fr
01 43 29 71 15

Librairie Le Lucernaire
53, rue Notre-Dame-des-Champs – 75006 Paris
librairie@lucernaire.fr
01 42 22 67 13